Susanne Stöcklin-Meier
Spielideen für Kinder rund ums Jahr

Susanne Stöcklin-Meier

Spielideen
für Kinder rund ums Jahr

Illustriert von Robert Erker

Pattloch

Die Deutsche Bibliothek – CIP-Einheitsaufnahme

Ein Titeldatensatz für diese Publikation ist bei
Der Deutschen Bibliothek erhältlich.

Gedruckt auf chlorfrei gebleichtem Papier.

© 2000 Pattloch Verlag GmbH & Co. KG, München

Illustrationen, Satz und Layout: Robert Erker, Augsburg
Reproduktion: Fotolito Longo, I-Bozen
Druck und Bindung: Offizin Andersen Nexö Leipzig –
ein Betrieb der INTERDRUCK Graphischer Großbetrieb GmbH
Printed in Germany

ISBN 3-629-00410-5 (Dt. Ausgabe)
ISBN 3-629-00415-6 (Schw. Ausgabe)
ISBN 3-909152-33-3 (Weltbild, Olten)

Vorwort

Wir kennen alle die Fragen: „Mama, was soll ich machen?" oder „Papa, womit soll ich denn spielen?" Damit Eltern einmal mehr wissen, was ihre Kinder spielen können, bietet „Spielideen für Kinder rund ums Jahr" eine Vielzahl an Anregungen zum Spielen für drinnen und draußen, zu kreativem Gestalten und für viele Rollenspiele. Gemeinsame Aktivitäten vertreiben die Langeweile und stärken das Zusammengehörigkeitsgefühl. Denn wenn man gemeinsam spielt, staunt und erlebt, entstehen Oasen des Glücks. Die Kinder fassen Vertrauen in ihre Umwelt, entwickeln all ihre Sinne und zudem ein gesundes Selbstwertgefühl. Beim Basteln können Kinder kreativ sein, Geschicklichkeit und Ausdauer entfalten. Sie schneiden Schneesterne aus Papier, nähen Ausnähkarten, bemalen Eierväschen, falten fliegende Vögel, schneiden Katzen mit Ringelschwanz und Schmetterlinge aus und vieles mehr. Ein Zeitungshut zu basteln ist nicht schwer und steht jedem Kind gut. Windrädchen surren lustig durch die Luft.

Die kurzen Einführungstexte zu den Jahreszeiten regen zu Gesprächen mit den Kindern an. Die jahreszeitlich bedingten Spiele helfen unseren Kleinen, den Jahresablauf bewusst zu erleben und den natürlichen Rhythmus der Pflanzenwelt zu beobachten. Die Kinder lernen, wie man Schneespuren liest, können beobachten, welche Frühlingsblumen aus Zwiebeln wachsen, bauen Mooshäuschen oder basteln Kastanienmännchen. Außerdem bringen viele lustige Kinderreime Poesie ins Familienleben.

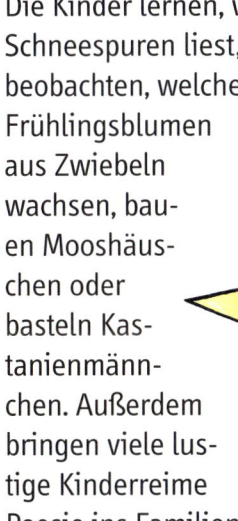

Darüber hinaus wird dem festlichen Brauchtum in diesem Buch viel Platz eingeräumt. Sie finden zahlreiche Ideen zum Gestalten besonderer Tage: Ostern, Muttertag, Martinstag, Sankt Nikolaus oder Weihnachten. Und viele Ideen zum Vorbereiten eines Sommerfestes. Viel Spaß wünscht

Susanne Stöcklin-Meier

Inhalt

Rund ums Jahr

Januar kommt mit Schnee und Eis,
macht die ganze Erde weiß.

Februar in seinem Lauf,
taut schon manches Fleckchen auf.

Märzenluft weht so lind,
schmilzt Eis und Schnee geschwind.

April, April,
der weiß nicht, was er will.

Alles neu
macht der Mai.

Der Juni zieht ins Land
mit Rosensträußchen in der Hand.

Im Juli baden wir, juhee,
in jedem schönen blauen See.

August, August bringt Urlaubsfreud
und Sommerlust.

Es war eine Mutter,
die hatte vier Kinder,
den Frühling, den Sommer,
den Herbst und den Winter.
Der Frühling bringt Blumen,
der Sommer bringt Klee,
der Herbst, der bringt Trauben,
der Winter bringt Schnee.

September sanft und mild
malt ein herrlich buntes Bild.

Oktober lockt und lacht,
süßer Trauben reife Pracht.

Der November nebelgrau
trägt ein trüb' Gesicht zur Schau.

Dezember erhellt
mit Weihnachtsglanz die Welt.

9

Schnee und Eis, macht die ganze Erde weiß

Schnee und Eis sind für Kinder ein faszinierendes Erlebnis. Der Winter verwandelt die Umwelt. Alles sieht anders aus. Der Schnee fällt leise auf die Dächer, die Bäume, den Gartenzaun, die Wiesen und die Straßen. Manchmal riecht die Luft im Winter nach Schnee. Wenn es kalt ist, können wir unseren Atem sehen. Wenn wir in die Luft hauchen, gibt es eine weiße Dampfwolke. Pfützen frieren ein, und es bilden sich Eiszapfen. Wenn wir Glück haben, können wir Schneeflocken mit dem Mund fangen oder mit den Händen erhaschen. Schnee kann sowohl trocken als auch nass sein.

Wie staunen Kinder, wenn sie entdecken, dass Schneeflocken kleine Sterne sind! Schneesterne lassen sich wunderbar durch die Lupe bewundern!

Rätsel

Draußen steht ein weißer Mann,
der sich niemals wärmen kann.
Wenn die Frühlingssonne scheint,
schwitzt der weiße Mann und weint,
er wird klein und immer kleiner.
Sag, was ist das wohl für einer?

(Schneemann)

Schneespuren lesen

Mit drei- bis fünfjährigen Kindern können wir Schneespuren lesen. Wie sehen Schlangenspuren von einem Rad aus? Wo ist die Katze durch den Schnee gehüpft? Wer erkennt die Fußabdrücke von Mutter oder Vater? Wie sehen Kinderschuhabdrücke aus? Wer kann genau in den Spuren des anderen gehen? Was für Spuren hinterlassen die Vögel am Futterbrett?

Spannend können auch Spuren sein, die im frisch gefallenen Schnee im Wald zu sehen sind. Gehen wir mit den Kindern in den Wald auf Erkundungsreise! Vielleicht finden wir Spuren von großen und kleinen Hunden, von einem Traktor, von Stiefeln, Hasen, Rehen, Eichhörnchen oder Mäusen ... Vielleicht sehen wir angeknabberte Tannenzapfen und „Hasen-Kügelchen" ...

Wer findet den ersten Eiszapfen? Wer entdeckt eine gefrorene Pfütze? Ist das Eis dick oder dünn? Lässt es sich mit den Füßen eintreten? Wo bricht es und wo nicht? Knirscht und knackt es beim Einbrechen? Ist das Eis schon dick genug zum Eislaufen?

Schneemänner und andere Figuren

Relativ warmer, lockerer Schnee lässt sich gut zu großen Rollen wälzen. Damit bauen wir nicht nur Schneemänner, sondern auch Schneefrauen und Kinder, Burgen, Iglus oder Fantasietiere. Wenn es in der folgenden Nacht wieder gefriert, geben wir in eine Spritzkanne voller Wasser etwas Kindermalfarbe und übergießen damit unsere Schneegebilde. Am nächsten Morgen haben sie sich in gefrorenen Pastellfarben verwandelt.

Leuchtender Schneeball-Iglu

Wir formen Schneebälle aus nassem Schnee und schichten sie zu einem etwa vierzig Zentimeter hohen Iglu. Vorne lassen wir eine Türe offen, damit wir nachts eine brennende Kerze hineinstellen können. Leuchtet er nicht geheimnisvoll, unser Schneeball-Iglu?

Spuren ziehen

Bei Neuschnee macht es Kindern besonders großen Spaß, Formen in den Schnee zu stapfen: ein Herz, einen Stern, eine Blume usw.

Engel legen

Die Kinder werfen sich mit dem Rücken flachgestreckt in den Schnee und machen sorgfältige Hampelmannbewegungen mit den Beinen und Armen. Die große Kunst ist nun, aufzustehen, ohne das „Kleid" und die „Flügel" des Engels zu verwischen! Ganz kleinen Kindern helfen die Eltern dabei.

Schmetterlinge im Schnee

Auch hier legen sich die Kinder mit dem Rücken flachgestreckt in den Schnee. Die Beine bleiben geschlossen. Die Arme werden im Halbkreis hin- und herbewegt. So entstehen die Schmetterlingsflügel. Aber Vorsicht beim Aufstehen, damit der Schmetterling nicht wieder verwischt.

Winterspaß für drinnen

Auf dem Schlitten mit Mutter oder Vater den Hang hinunterzusausen oder die ersten Rutschversuche auf Eis zu machen, das erfreut jedes Kinderherz. Warum nicht einmal eine „Kleine-Welt-Piste" im Kinderzimmer basteln?

Schlittenfahren

Für den Schlitten brauchen wir eine Zündholzschachtel. Sie wird mit Kreide bemalt. Als Seitenwände kleben wir zwei buntbemalte Papierstreifen an. Einen Korken mit Styroporkugel funktionieren wir zum Fahrer um.

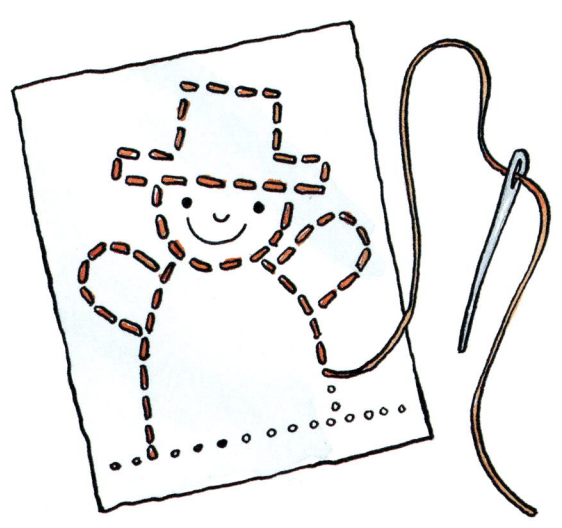

Ski fahren

Die Skifahrer basteln wir aus Zeichenpapier. Die Männchen werden vorgezeichnet, ausgeschnitten und beidseitig bemalt. Die Füße kleben wir auf zwei Papierstreifen-Ski. Pfeifenputzer werden zu Skistöcken umfunktioniert. Das „Kleine-Welt-Spiel" kann beginnen.

Ausnähkarte

Die Kinder zeichnen auf eine Karte einen Schneemann. Mit einer spitzen Wollnadel oder einer Ahle lochen wir die Konturen vor, so dass sie unsere Kleinen mit Wolle ausnähen können. Das Nähbild wird anschließend noch schön ausgemalt.

Tipp:

Ältere Kinder können auf diese Weise Landschaften mit farbiger Wolle zaubern.

Närrische Zeit für Lärm und Maskerade

Traditionelle Feste helfen Kindern, das Jahr in überschaubare Abschnitte zu unterteilen.

Die närrische Zeit hat sich je nach Gegend unterschiedlich entwickelt. Trotz der Vielfalt setzt sich die uralte kultische Dreiheit „Maske, Tanz und Umzug" überall fort. Mit Lärm wurden die bösen Dämonen vertrieben und die Vegetationsgeister erweckt. Auch der Kampf der Natur zwischen Winter und Sommer, Dunkelheit und Licht ist vielerorts noch zu erkennen. Da Kleinkinder selber in einer magischen Entwicklungsphase sind, entspricht ihnen dieser Festbrauch. Sie lieben es, in andere Rollen zu schlüpfen, sich zu verkleiden und mit Lärminstrumenten Umzüge zu machen. Die Vorstellung, man könne damit den Winter austreiben, Kälte, Schnee und Eis verjagen, leuchtet schon Vorschulkindern ein!

Einfache Faltschnitt-Masken

Wer möchte sich hinter einer selbstgemachten Papier-Maske verstecken? Ganz kleinen Kindern malen wir nur eine rote Nase mit Lippenstift auf und ein Herzchen auf die Wange. Sie mögen kein Papier im Gesicht, das verrutscht und kitzelt nur.

Für eine Maske brauchen wir ein starkes Papier, Format zirka 25 x 70 Zentimeter. Das falten wir in die Hälfte, wie die Abbildung zeigt. Mit dickem, schwarzem Filzstift zeichnen wir Kindern, die es noch nicht selber können, eine Maske vor. Jetzt schneiden wir das Gesicht aus, ebenso Augen, Nase und Mund. Am Schluss wird das Gesicht auseinandergefaltet und bemalt. Die Papierstreifen schneiden wir auf Maß und schieben sie ineinander. Übrigens: Auch Puppen und Bären freuen sich über Mini-Masken!

Perücke anfertigen

Für eine lustige Zopffrisur wickeln Sie einen Strang Wolle über einen Karton in gewünschter Größe. In der Mitte absteppen, aufschneiden und zu einem Zopf flechten! Die Perücke wird mit Haarspangen befestigt oder mit Bändern unter dem Kinn festgebunden.

Ballonmaske

Diese Maske ist schwieriger zu basteln. Weil sie aber sehr leicht ist und sich gut der Kopfform anpasst, ist sie angenehm zu tragen. Sie wird einfach übergestülpt. Wir blasen einen Luftballon auf und stellen ihn in einen Ständer aus Wellkarton. Zeitungspapier wird in Streifen gerissen, mit Tapetenkleister bestrichen und über den aufgeblasenen Luftballon geklebt. Damit die Maske stabil ist, müssen fünf bis sechs Lagen Zeitungspapier geklebt werden. Nach dem Trocknen können wir den Ballon vorsichtig herausziehen.

Aus diesem runden Eierkopf lässt sich ein hübscher Clownkopf basteln. Zuerst wird er weiß grundiert. Auf der Seite kleben wir einen Haarkranz an und schneiden Öffnungen für Augen und Mund aus. Dann malen wir ein Clowngesicht auf.

Masken aus Papiertüten

Wir sammeln große Papiertragetaschen oder Papiersäcke. Bedruckte Säcke wenden wir sorgfältig. Mit Filzstift wird nun ein Gesicht aufgezeichnet.

Kleinere Kinder möchten beim Tragen einer Maske nicht im Sehen behindert sein. Darum müssen die Augenöffnungen groß ausgeschnitten werden und genau am richtigen Ort plaziert werden.

Kinder brauchen viel Luft, darum wird die Nasenöffnung ebenfalls möglichst groß ausgeschnitten. Wer Lust hat, klebt sich eine Papierrolle oder ein Nasendreieck über die Öffnung. Nun fehlen unseren Tütenmasken nur noch Papier- oder Wollhaare sowie Augenbrauen, ein Schnauzbart oder ein Vollbart.

Achtung: Nie Plastiktüten verwenden, wegen der Erstickungsgefahr!

Eigene Konfetti-Produktion

Mit einem Locher eigenhändig Löcher ins Papier zu drücken, macht Kindern Spaß. Wir stellen ihnen verschiedenfarbiges Papier zur Verfügung und einen Locher. Kinder können eine erstaunliche Ausdauer entwickeln bei dieser Beschäftigung! Gelocht wird jeweils, bis das Reservoir des Lochers voller Konfetti ist, dann werden sie sorgfältig in einen Beutel umgeschüttet.

Akustische Spiele

Viele Fasnachtsbräuche sind mit enormem Lärm verbunden. Man versucht, mit starkem Gerassel, Gebimmel und Getrommel alle Ängste zu vertreiben und böse Wintergeister zu verjagen.

Wer hat Lust, eine Büchsen-Schepper-Klapperschlange zu konstruieren? Wir knüpfen an eine Schnur mehrere Blechbüchsen. Diese Klapperschlange lässt sich geräuschvoll scheppernd über die Straße ziehen!

Mit alten, flachen Topfdeckeln kann man herrlich Krach machen. Mit Holzlöffeln kann man laute Trommelwirbel auf Waschmitteltrommeln erzeugen.

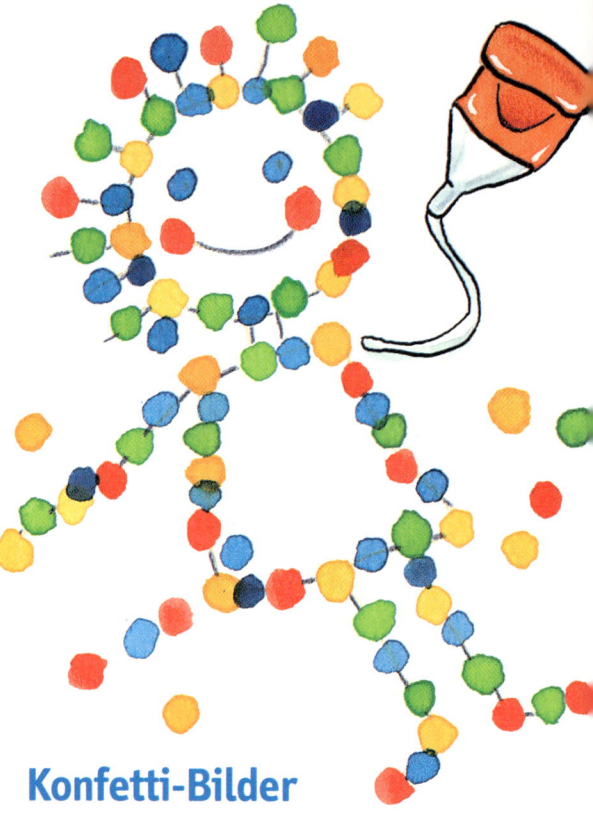

Konfetti-Bilder

Kinder zeichnen mit Tubenleim Konturen auf Zeichenpapier und lassen auf den noch nassen Leim Konfetti „regnen". Die kleinen Papierkreise bleiben auf der Leimspur haften, die überflüssigen Reste werden abgeschüttet.

Närrisch dekorierte Brote

Wir schneiden rundes und viereckiges Brot in Scheiben und stellen den Kindern in der Küche alle Zutaten bereit: Aufschnitt, Käse, Eier, Wursträdchen, Radieschen, Tomaten, Gurken, Petersilie, Paprikastreifen usw. Natürlich brauchen sie dazu Küchenmesser, Holzbrettchen und Papierteller.

Jedes Kind legt sich nun nach Lust und Laune ein lustiges Brotgesicht auf den Teller. Wer legt die grimmigste Fratze, wer den lustigsten Clown oder die originellste Hexe? Wer versucht, ein Tier zu legen, etwa einen Vogel oder ein Löwengesicht?

Frühlingsluft weht so lind, schmilzt Eis und Schnee geschwind

Die Tage werden länger, die Sonne scheint wärmer, die Vögel singen, und die ersten Blumen blühen auf der Wiese und im Garten. Der Frühling kommt! Machen wir dieses Jahr mit den Kindern bewusst Blumen-entdeck-Spaziergänge! Kleine gehen mit freudiger Erwartung auf Blumensuche. Sie jubeln, wenn sie neue Arten und neue Farben entdecken! Diese blühenden Frühlingsboten verkünden den Kindern auch: Bald kommt der Osterhase, auch wenn es bis Ostern noch eine Weile hin ist.

Verse zum Frühlingsanfang

Ich kenn' ein weißes Blümchen,
ein Glöckchen zart und rein,
das läutet leise, leise
den lieben Frühling ein.
Es weckt die andern Blumen
und ruft: „Erwacht, erwacht!
Der Frühling ist gekommen
ganz heimlich über Nacht."
Und als es so gerufen,
schließt es die Augen zu.
Nun kommen andere Blumen,
Schneeglöckchen geht zur Ruh.

Nun treiben wir den Winter aus,
den alten kalten Krächzer,
wir jagen ihn zum Land hinaus
den Griesgram, Brummbär, Ächzer.
Wir laden uns den Frühling ein
mit Blumen und mit Sonnenschein.
Juchhei, juchhei, o komm herbei,
o Mai, o Mai!

Ihr Kinder heraus,
heraus aus dem Haus!
heraus aus den Stuben,
ihr Mädchen und Buben!
Juheissassassa, der Frühling ist da!

Blumenrätsel

Wie heißt das Glöckchen
im weißen Röckchen?
Es wächst im Schnee
schon in die Höh'?

(Schneeglöckchen)

Ein Blümchen blau,
ein Blümchen klein,
blüht schon am Main
und duftet gar so fein.
Wie mag sein Name sein?

(Veilchen)

Welche Blumen läuten den Frühling ein?

Welches Familienmitglied findet im Garten oder Park die ersten Schneeglöckchen? Oder sind es Märzenglöckchen? Kennen Ihre Kinder den Unterschied? Wenn nicht, zeigen wir ihnen dieses Jahr beide „Frühlings-Glockenblumen". Wenn jemand ganz still ist und das Ohr nah an die Blumenglöckchen hält, kann er vielleicht hören, wie sie den Frühling einläuten ...

Blumen, aus Zwiebeln

Kinder wissen, dass man die Küchenzwiebel kocht oder sie für den Salat hackt. Sie staunen und empfinden es immer wieder als kleines Wunder, wenn aus Blumenzwiebeln, die im Winter unter der Erde ruhen, im Frühjahr farbenfrohe Blumen wachsen! Schauen wir uns gründlich um, im Garten oder Park: welche Zwiebelblumen hat die Sonne schon hervorgelockt? Sind es Krokusse, Hyazinthen, Narzissen oder Tulpen?

Ein Blumenväschen aus einem Schneckenhaus

Wer mit weniger Zeitaufwand auch ein hübsches Väschen haben möchte, sucht sich große, leere Schneckenhäuser, wäscht diese aus und klebt sie auf einen schön bemalten Kartonuntersatz. Fertig ist die Vase!

Das erste Wiesenblumensträußchen

Mit etwas Glück finden wir auf der Wiese jetzt schon Gänseblümchen, Veilchen oder Schlüsselblumen. Welches Kind möchte nicht ein kleines Sträußchen pflücken?
Wie riechen die Blumen? Wer kann mit geschlossenen Augen die einzelnen Arten, mit der Nase „erschnüffeln"?

Wir kleben ein Märzenglöckchen-Bild

Die weißen Märzenglöckchen kommen auf einem schwarzen Blatt Papier am besten zur Geltung. Für die Blume falten wir ein kleines, weißes Quadrat zu einem Dreieck und knicken die beiden Spitzen zur Mitte (Abbildung). Stängel und Blätter schneiden wir aus grünem Zeichenpapier. Am Schluss wird alles auf die schwarze Unterlage geklebt, und fertig ist das Frühlingsblumen-Bild!

19

Nun ist es bald soweit, es kommt die fröhliche Osterzeit

Ostern ist ein fröhliches Fest! Wir feiern als Christen die Auferstehung von Jesus. Die von den Kindern heiß geliebten Bräuche um Osterhasen, Eier und Nester sind viel älter. Bei den Germanen wurde das Erwachen der Natur in Form eines Frühlingsfestes gefeiert. Der Hase war das Sinnbild der Fruchtbarkeit. Das Frühlingsfest wurde ihm und der germanischen Licht- und Frühlingsgöttin „Ostara" zu Ehren abgehalten. Sie hat unserem Oster-fest den Namen gegeben. Ein Waldspaziergang im Vorfrühling erfüllt Kinder mit freudiger Erwartung. Sie halten Ausschau nach dem Osterhasen, den ersten Frühlingsblumen und Moos für die Nestchen. Vor allem macht es Kindern Spaß, Ostereier zu färben und Nester zu schmücken. Das große Ereignis für Kinder ist natürlich immer das Nestsuchen zu Ostern!

Eierväschen

Aus leeren Eierschalen lassen sich auch Väschen basteln. Sie haben genau die richtige Größe für die ersten Wiesensträußchen. Die Kinder bemalen zuerst die leere Eierschale. Zum Schutz der Farbe überdecken wir sie mit Lack. Für den Fuß verwenden wir einen Abschnitt von einer Küchenrolle. Auch diesen bemalen die Kinder. Er dient als Vasenständer.

Ein bunter Osterzweig

Von einem Spaziergang bringen wir einen Buchenzweig mit nach Hause und stellen ihn in eine mit Wasser gefüllte Flasche. In etwa zehn Tagen entfalten sich aus den Knospen zarte Buchenblätter. Zwischen dieses zarte Grün kann man beidseitig buntbemalte Papiereier hängen. Das geht ganz einfach. Aus dünnem Karton werden Eierformen herausgeschnitten und beidseitig farbig bemalt oder mit Buntpapier beklebt. Man kann natürlich auch aus bunter Wellpappe Eier ausschneiden. Alle Pappeier werden mit Wollfäden an den Zweig gehängt.

Kartoffelhäschen als Tischdekoration

Wir helfen den Kindern, mit einem Zahnstocher eine große und eine kleine Kartoffel zusammenzustecken. Zwei Papierohren stecken wir in kleine Schlitze, die wir mit dem Küchenmesser am Kopf angebracht haben. Jetzt fehlen unserem Häschen nur noch die Rosinenaugen (sie können ebenfalls mit den Spitzen von Zahnstochern befestigt werden) und das Watteschwänzchen. Die Schnauzhaare aus Wolle ziehen wir mit einer Wollnadel ein. Zuerst zieren die Kartoffelhäschen den Ostertisch. Ein bis zwei Tage später kochen wir sie (Achtung: Alle Zahnstocher entfernen!) und machen Kartoffelsalat daraus. Dazu werden die restlichen Ostereier verspeist.

Fliegender Vogel

Auf festes Papier wird ein Vogel aufgezeichnet, dann ausgeschnitten und bunt bemalt.

Für die Flügel falten wir einen Papierstreifen fächerartig. Durch einen waagrechten Einschnitt in den Vogelkörper gelingt es, den zusammengefalteten Papierstreifen so anzubringen, dass beidseitig gleichviel herausschaut.

Die Flügel auseinander ziehen. Damit der Vogel fliegen kann, wird er an einem Faden aufgehängt und fühlt sich zwischen den bunten Ostereiern am Osterstrauß wohl.

Der Osterbaum

Um das Osterfest hat sich ein bunter Kreis von Brauchtum entwickelt. Wann der Osterbaum entstanden ist, lässt sich nicht mehr feststellen. Doch seinen Symbolgehalt verstehen wir noch: Es ist die stilisierte Darstellung des grünenden Lebensbaumes, der zwölf Früchte trägt, also für jeden Monat eine. Die Früchte wiederum, symbolisiert durch die buntbemalten Eier, sind Sinnbild des erwachenden Lebens.

Lassen wir das Schmücken des Osterbaumes zur lustigen Gemeinschaftsarbeit für die ganze Familie werden. Zunächst basteln wir das Baumgestell: An einem Holzblumenstab befestigen wir drei Arme aus starkem Draht. An den Kreuzstellen wird der Stab vorher etwas eingekerbt. Das ganze Gestell wird nun mit Buchsbaumästchen und feinem Blumendraht umwunden. Dabei beginnt man an den Querstäben von außen nach innen. Am Schluss wird der Längsstab von oben nach unten umwunden. Das Gerüst wird in ein vorbereitetes Brettchen eingelassen, in

eine Schale oder einen Blumentopf gestellt, mit Sand aufgefüllt und mit Moos und Frühlingsblumen abgedeckt. Mit einer Nadel in zwölf rohe Eier – oben und unten – ein Löchlein von 2 bis 3 mm Durchmesser machen. Damit der Inhalt der Eier mühelos herausgleitet, fahren wir mit einem Zahnstocher sorgfältig in die Eier und rühren um. Danach müssen wir kräftig blasen!

Wichtig: Vor dem Verzieren mit Farbe sollte man die Eier mit Abwaschmittel oder Essig abwaschen und gut trocknen lassen. Mit Filzstift können schon die ganz Kleinen helfen, die Eier zu bemalen. Zum Aufhängen der Eier befestigt man eine Holzperle oder ein Zündholzstückchen an einer Fadenschlinge, das man in das Ei durch das obere Löchlein einführt, wie die Abbildung zeigt.

Wem das Basteln des Gestelles zu viel Mühe macht, verwandelt einfach ein frisch abgebrochenes Aststück aus dem Wald in einen Osterbaum.

Ostergebäck aus Zopfteig

Aus gewöhnlichem Zopfteig lassen sich schöne Ostergebäcke formen: Nestchen für die Ostereier, Osterhasen oder Ostertauben.

Zopfteig-Rezept

1 kg Weißmehl
1 Esslöffel Salz
30 g Hefe
1 Teelöffel Zucker
150 g Butter
5 1/2 l Milch
1 Ei

Mehl in eine Schüssel sieben, in der Mitte eine Mulde formen, das Salz über den Rand verteilen. Die Hefe mit dem Zucker auflösen, die Butter in einem Pfännchen schmelzen und mit Milch abkühlen. Alle Zutaten zum Mehl geben, vermischen und von Hand 10–15 Minuten kneten, bis der Teig elastisch und glatt ist und beim Durchschneiden kleine Luftlöcher aufweist. Den Teig in die Schüssel zurückgeben und mit einem feuchten Tuch bedeckt an einem warmen Ort auf das Doppelte aufgehen lassen.

Osterhasen

Eine Portion Zopfteig in 6–10 Stücke teilen. Aus jedem dieser Stücke werden je 1 größere und 2 kleinere Kugeln geformt. Die größere Kugel ergibt den Körper, eine der kleineren den Kopf. Beide werden dicht nebeneinander auf ein Backblech gelegt und leicht flach gedrückt. Die dritte Kugel wird etwas in die Länge gezogen, dicht an den Kopf angelegt und mit einer Schere tief eingeschnitten. Rosinen als Augen eindrücken. Mit Eigelb bestreichen und im vorgewärmten Ofen bei 200–220 Grad ca. 30 Minuten backen.

Ostertauben

Aus Teigrollen formen wir Tauben, wie die Abbildung zeigt. Mit Eigelb bestreichen und im vorgeheizten Ofen ca. 30 Minuten backen.

Nestchen für Ostereier

Eine Portion Zopfteig in lange Rollen formen und diese zu Nestchen legen. Ein gekochtes Ei in die Mitte drücken und den Teig so aufgehen lassen. Ei entfernen, Teig mit verquirltem Eigelb bestreichen und in die Vertiefung ein „Ei" aus Haushaltsfolie legen. Bei guter Mittelhitze ungefähr 25 Minuten backen. Nach einer Viertelstunde Folie entfernen.

Osterhasen-Verse

Ei, seht, da springt vom Walde
das Osterhäslein her,
ein Körbchen auf dem Rücken:
„Wo ist ein Nestchen leer?
Ich fülle es mit Eiern
von bunter Farbenpracht,
für alle kleinen Kinder
hab' ich sie mitgebracht!"

Osterhas,
weißt du was?
Leg' du mir ein Ei ins Gras!

Nestchen im Garten
muss ich noch warten?
Nestchen im Gras
komm', lieber Has!

Osterhas, Osterhas,
leg' mir Eier in das Gras!
Gib' nur acht, dass keins zerbricht,
zerbrochene Eier mag' ich nicht!

Irgendwo im Garten
liegt ein rotes Ei.
Aber wer nicht suchen will,
geht daran vorbei.

Rätsel

Wenn ich nur wüsst',
wer das ist,
der immer mit zwei
Löffel frisst?

(Hase)

24

Versteckte Ostereier

Wenn es draußen regnet, kann man die Ostereier natürlich auch im Zimmer verstecken. Besonders lustig ist es, wenn derjenige, der suchen muss, zuerst das Zimmer verlässt, dann wird das Ei versteckt und der „Sucher" muss raten oder suchen, wo es ist. Wenn er es gefunden hat, darf er als nächster ein Ei verstecken.

Eierticken

Ostereier werden nicht einfach nur geschält und gegessen. Das Eierticken ist wohl bei uns noch in vielen Familien Brauch. Die Eierspitzen werden gegeneinander geschlagen. Knicken sie nicht ein, wendet man die Eier und tickt mit dem anderen Ende. Wer das Ei hat, das die ganze Zeit nicht zerbrochen ist, hat gewonnen.

Ostereierlegen

In der Hand, mit der wir ein Häschen andeuten, ist die Haselnuss versteckt. Wenn das Kind sie haben will, sagt es:

Klinker, klunker, klei,
liebes Häschen, leg' ein Ei!

Osterspaziergang

Auf den Osterspaziergang nehmen die Erwachsenen viele bemalte Ostereier (Schokoladeneier) mit. Sie verstecken diese unbemerkt beim Gehen am Wegrand. Die Kinder suchen die feinen Ostersachen. Erstaunlich, wie lange Kinder dieses Spiel mitmachen, auch wenn sie schon lange nicht mehr an den Osterhasen glauben! Werden Ostersachen übersehen, helfen wir mit „heiß" und „kalt" dem Finden ein wenig nach.

Nun wird die Haselnuss in die Hand des Kindes fallen gelassen.

Aprilverse

April, April, weiß nicht, was er will.
Bald lacht die Sonne klar und rein,
bald schaut der Himmel finster drein.
Bald Regen und bald Sonnenschein,
April, April, der weiß nicht, was er will.

April, April
kann tun, was er will.
Sonnenschein und Regen
bringt der Erde Segen,
kalt und trocken,
warm und nass,
was ist das?

Es regnet, Gott segnet,
die Erde wird nass,
bunt werden die Wiesen,
und grün wird das Gras.

Kuckuck, kuckuck,
ruft's aus dem Wald.
Lasset uns singen,
tanzen und springen:
Frühling, Frühling
wird es nun bald.

Der Kuckuck saß auf einem Ast,
ein Regen kam, da war er nass.
Dann kam der liebe Sonnenschein,
der macht den Kuckuck hübsch und fein.

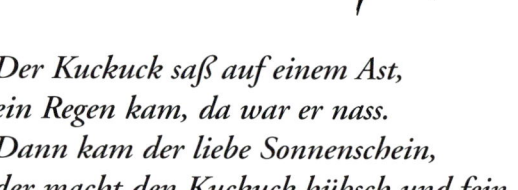

Es regnet, es regnet,
es regnet seinen Lauf,
und wenn's genug geregnet hat,
so hört's auch wieder auf.

Maiverse und -lieder

Mai, lieber Mai,
bringt Sonnenschein herbei!
Die Blumen blühen bunt und schön,
wir wollen jetzt spazierengehn.
Im wunderschönen Mai,
im wunderschönen Mai.

Alles neu macht der Mai,
macht die Seele frisch und frei.
Lasst das Haus, kommt heraus,
windet einen Strauß!
Rings erglänzet Sonnenschein,
duftet über Flur und Hain.
Vogelsang, Hörnerklang,
tönt den Wald entlang.

Im Mai, im Mai
sind alle Kinder froh,
sie tanzen Ringelreihen
und machen alle so:

Die Kinder halten sich an den Händen
und gehen singend im Kreis. Auf „ ... und
machen alle so" bleiben sie stehen und stellen eine Tätigkeit pantomimisch dar, wie etwa Stricken, Maschinen schreiben, Kartoffel
schälen oder Geige spielen.

Zum Muttertag

Am zweiten Maisonntag feiern wir Muttertag. Der Brauch kommt aus Amerika und ist schon ziemlich alt. Wie wäre es, wenn die Kinder am Sonntagmorgen mit dem Vater gemeinsam das Frühstück zubereiten würden? Ein liebevoll gedeckter Tisch mit Blumenstrauß ist Ehrensache. Auf den Teller der Mutter legen die Kinder ein großes, schön bemaltes Herz. Aus roter Wellpappe kann man noch weitere Herzen in verschiedener Größe schneiden und damit den Tisch dekorieren. Oder man hängt die Herzchen an einen Zweig. Vielleicht überreichen die Kinder ja noch ein selbst gepflücktes Wiesensträußchen mit folgendem Vers:

Ein Lied für Mama

Die Kinder können der Mutter natürlich auch ein schönes Lied singen. Dazu passt dann folgendes Gedicht:

Weil ich keine große Gabe
zum Feste für dich habe,
sing' ich jetzt ein Lied für dich
und ich glaub', dann freust du dich.

und am Ende des Liedes:

Ich bin eine kleine Maus,
mein Lied ist jetzt aus.
Ich wünsch' dir Glück und Segen
bei Sonnenschein und Regen.

Mein Sträußlein
und dies Gedicht:
„Ich hab' dich lieb!
Mehr weiß ich nicht."

Bastelideen zum Muttertag

Die Katzenfamilie

Auf festes Papier zeichnen wir Katzen in verschiedenen Größen, schneiden sie aus und bemalen sie beidseitig bunt. Als Schwänze knüpfen wir ihnen unten mit Faden Papierspiralen fest. Wollfäden als Schnauzhaare ankleben. Wenn die Katzen am Kopf an einem Faden hängen, drehen sie sich bei jedem Windstoß um die eigene Achse.

Ein kleiner Teich

Aus Steinen, Gräsern, Blättern, kleinen Figuren, Schirmchen und einem grünen Wackelpudding kann man einen wunderschönen Teich machen. In eine durchsichtige Glasschüssel legt man bunte Steine und kleine Figuren. Darüber wird dann der noch flüssige Wackelpudding gegossen und kalt gestellt. Sobald er fest ist, kann man nun mit dem Verzieren weitermachen. Der Fantasie sind dabei keine Grenzen gesetzt.

Vogelhochzeit

Dieser alte Vers erzählt humoristisch von einer Vogelhochzeit. Er lässt sich mit wenig Aufwand herrlich dramatisieren. Einfache Requisiten wie z. B. Tücher, Schleier, Hüte, Strümpfe, Stöckelschuhe oder Halsketten genügen unseren Kindern, um sich zu verkleiden. Jeder Mitspieler wählt sich seinen Lieblingsvogel aus und versucht, ihn auf seine Weise darzustellen. Mit sehr kleinen Kindern spielen wir nur zwei, drei Vögel, mit größeren die ganze Vogelhochzeits-Ballade.

Wer versucht die Vogelhochzeit
mit Farbstift aufs Papier
zu übertragen?

Ein Vogel wollte Hochzeit machen
in dem grünen Walde.
Fidirallala, fidirallala,
fidiralla lala la.

Die Amsel war der Bräutigam,
sie hatte schwarze Kleider an.

Die Drossel, seine Braute,
trug einen Kranz von Raute.

Der Finke, der Finke,
der bringt der Braut die Strümpfe.

Der Kakadu, der Kakadu,
der bringt der Braut die neuen Schuh'.

Der grüne Specht, der grüne Specht,
der macht der Braut das Haar zurecht.

Der Kuckuck schreit, der Kuckuck schreit,
er bringt der Braut das Hochzeitskleid.

Der Sperling, der Sperling,
der bringt der Braut den Trauring.

Der Geier, der Geier,
der bringt der Braut den Schleier.

Die Federgans, die Federgans,
die bringt der Braut den Hochzeitskranz.

Die Taube, die Taube,
die bringt der Braut die Haube.

Die Lerche, die Lerche,
die bringt die Braut zur Kerche.

Der Auerhahn, der Auerhahn,
das ist der Küster und Kaplan.

Der Stiegelitz, der Stiegelitz,
der bringt die Braut zum Kirchensitz.

Brautmutter war die Eule,
nahm Abschied mit Geheule.

Der schwarze Rab', der war der Koch,
man sieht's an seinen Federn noch.

Der Papagei mit krummem Schnabel,
der bringt den Gästen Messer und Gabel.

Der Wiedehopf, der Wiedehopf,
der schenkt der Braut den Blumentopf.

Die Anten, die Anten,
das sind die Musikanten.

Die Meise, die Meise,
die trug herein die Speise.

Die Nachtigall, die Nachtigall,
die führt die Braut in den Tanzsaal.

Der Pfau mit seinem langen Schwanz
macht mit der Braut den ersten Tanz.

Der Uhu, der Uhu,
der macht die Fensterläden zu.

Die Schneppe, die Schneppe,
die führt die Braut zu Bette.

Nun ist die Vogelhochzeit aus,
und alle Vögel gehn nach Haus.
Fidirallala, fidirallala,
fidiralla lala la.

Tra ri ra, der Sommer ist jetzt da

Der 21. Juni ist der längste Tag des Jahres und Sommeranfang. Genießen wir die langen Tage mit den Kindern. Lassen wir sie am Abend länger aufbleiben. Vielleicht machen wir ein Sommernachtsfest? Der Juni ist auch der Beerenmonat. Als erstes sind die Erdbeeren reif, dann folgen die Johannisbeeren und die Himbeeren. Freuen wir uns am Beerenpflücken und kleinen, süßen Überraschungen. Jetzt ist die Zeit der Spiele im Freien: Im Sandkasten, auf dem Spielplatz, im Garten und im Wald. Schwelgen wir im Rosenmonat Juni in Blumen aller Art! Beobachten wir die Schmetterlinge und Sommervögel.

Schmetterling

Im Garten blühen jetzt die Rosen, Löwenmäulchen, Ringelblumen und Margeriten. An sonnigen Tagen werden die Blumen von Schmetterlingen besucht:

Weißer Klee, roter Klee,
schöne Margeriten.
Kommt daher ein buntes Ding,
so ein kleiner Schmetterling,
setzt sich drauf,
setzt sich drauf,
fliegt bald wieder zum Himmel auf.

Tra ri ra, der Sommer ist jetzt da.
Komm, wir woll'n in den Garten,
auf den schönen Sommer warten.
Tra ri ra, der Sommer, der ist da.

Wer möchte einen kleinen Schmetterling basteln? Wir brauchen ein Zeichenpapier, das falten wir in die Hälfte, zeichnen einen Schmetterling auf, wie die Abbildung zeigt, und schneiden ihn aus. Jetzt wird er wunderschön bemalt. Am Körper des Schmetterlings zwei Einschnitte machen. Nun kann er über den Zeigfinger gesteckt werden und sanft davon fliegen.

Man kann aber auch verschieden große Schmetterlinge basteln und ausmalen, sie auf Schaschlikspieße stecken und in die Blumentöpfe auf der Fensterbank stecken.

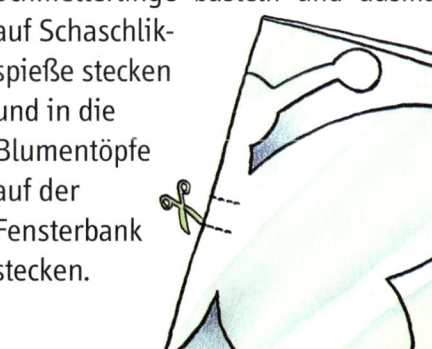

Spiele mit Löwenzahn

Löwenzahn, Löwenzahn,
blühst auf unsrer Wiese!
Kommt der kleine Hans daher,
pflückt dich für die Liese.

Armbanduhr

Ein Löwenzahnstängel wird unter der Blüte mit dem Fingernagel eingeritzt. Den Stängel als Uhrenband um das Handgelenk legen und durch den Schlitz schieben. Ist sie nicht schön, unsere Blumenuhr aus Löwenzahn?

Sonnenbrille

Wir schlitzen zwei gleichlange Blütenstängel unterhalb der Blume mit dem Daumennagel ein. Die beiden werden mit einem dritten Stängel, den wir durch die Schlitze ziehen, verbunden. So entsteht diese optisch wirkungsvolle Sonnenbrille.

Wasserleitungen

Kinder bauen mit Vergnügen lange Wasserleitungen aus Löwenzahnstängeln.
Die Leitungsrohre werden ineinander geschoben, und zwar immer das dünnere Ende in das dicke. Damit Wasser durchfließen kann, werden die Röhren in Milchbehälter oder Büchsen gesteckt. Die kleinen Brunnenmeister füllen die Behälter mit Wasser und verfolgen gespannt, wie das Wasser durch die Röhren rinnt.

Lustiges Löwenzahngeringel

Mit dem Einschlitzen von Löwenzahnstängeln können Kinder ganze Nachmittage verbringen, denn in Verbindung mit Wasser rollen sich die Stängel auf, kräuseln sich und ergeben die lustigsten Figuren.

Bunter Blumenschmuck

Im Sommer, im Sommer,
da gehn wir über Land,
da woll'n wir alle lustig sein
im grünen, grünen Wald.

Im Sommer, im Sommer,
da ist die schönste Zeit,
da freuen sich die jungen
und auch die alten Leut'.

Blätterkrone

Wenn wir Ketten und Kronen aus Laubblättern machen möchten, suchen wir im Garten oder Wald glattrandige Blätter. Diese „nähen" wir mit kleinen Ästchen oder – besser noch – mit Föhrennadeln zusammen. Wir legen immer ein Blatt über das andere, so dass wir die Föhrennadel gleichzeitig durch beide stechen können.

Gänseblümchen-Kette

Den Blütenstiel eines Gänseblümchens oder einer Margerite schlitzen wir mit dem Daumennagel unter der Blüte ein. Durch diese Öffnung – sie sollte etwa 1 cm lang sein – ziehen wir den zweiten Stiel, bis der Blumenkopf an den Stängel stößt. Dieser Stiel wird ebenfalls mit dem Daumennagel aufgeschlitzt, der nächste Blumenstiel durchgezogen und so weiter, bis sich die Blumenkette zu einem Kränzchen schließen lässt.

Waldkrone

Die Kinder bemalen Wellpappestreifen mit bunten Mustern und binden die Enden mit einem Gummifaden zusammen. Danach suchen sie schöne Blätter und Zweige als Schmuck für ihre Waldkrone.

Erdbeerzeit

Im Sommer ist Erdbeerzeit. Die meisten Kinder lieben diese süßen Früchte. Beim Pflücken im Garten oder Wald lernen sie, sorgfältig damit umzugehen. Es ist gar nicht so einfach, sie zu pflücken, ohne sie zu zerdrücken.

Ahornbecher zum Beerensammeln

Beim nächsten Beerensammeln im Wald können Kinder aus einem Ahornblatt einen Becher zum Sammeln machen. Man nimmt das fünfzackige Ahornblatt in die Hand, legt die beiden äußersten Zacken neben dem Stiel übereinander und fixiert den Becher, indem man den Stiel durch beide Zacken „näht".

Mit Ahornbechern lässt sich im Wald noch mehr sammeln: Schneckenhäuser, Samen, Blätter ...

Erdbeermilch

Was ist erfrischender als eine leckere Erdbeermilch? Man kann sie mit Gartenbeeren oder Waldbeeren ganz einfach zubereiten. Beeren halbieren, in ein hohes Glas geben, mit Milch aufgießen. Fertig! So sind die Fruchtstückchen noch gut zu schmecken. Man kann die Milch mit den Beeren aber natürlich auch verquirlen. Das wird dann ein schaumiger Genuss.

Waldbeeren auf Grashalm

Die Kinder finden bald heraus, dass man Waldbeeren in Waldlichtungen, an Waldwegen und an Waldrändern finden kann. Sie erkennen sie an den Blättern, die aus drei kleinen Einzelblättchen zusammengesetzt sind, an den weißen Blüten und den kleinen roten Früchten. Wenn wir kein Körbchen zum Sammeln mit dabei haben und kein Ahornblatt in der Nähe ist, ziehen wir sie auf einen Grashalm auf! Erdbeeren, die vom Grashalm abgegessen werden, schmecken besonders lecker!

Rosenzeit

Rosenwasser

Kleine Schönheitsköniginnen träumen von Rosenwasser und Parfüm. Kinder waren schon immer experimentierfreudig, und das Bedürfnis, eine eigene Wundermixtur zu mischen, ist hinlänglich bekannt. Verblühte Rosen- oder Pfingstrosenblätter werden, kurz bevor sie abfallen, gepflückt und in ein Glas gelegt. Die Blütenblätter mit wenig Wasser übergießen und mit einem Holzstab zerstampfen. Das Rosenwasser durch ein Sieb in ein anderes Glasgefäß umschütten. Hier sei noch ein kleiner Trick verraten: Damit das Luxuswasser fein duftet, wird es in leere Schaumbad-, Rasierwasser- oder Eau de toilette-Flakons umgefüllt. Zur Schönheitspflege tupfen sich die jungen Damen nun das Rosenwasser hinter die Ohren oder streichen es über Arme und Beine.

Papierrosen

Aus Seiden- oder Krepppapier schneiden wir im Faltschnitt Blumenblätter (siehe Abbildung). Die Staubfäden entstehen aus einer Papierrolle, die wir auf einer Seite einschneiden (siehe Abbildung). Um die Staubfäden wickeln wir die Blumenblätter. Damit die Rose nicht auseinander fällt, binden wir sie mit einem Baumwollfaden ab.

Mit diesen Rosen kann man nun wunderbar dekorieren. Und das Schönste ist: Sie verwelken nicht.

Rätsel

Wegen Duft und Farbe
man mich gern begehrt,
doch sind mir daneben
Dornen auch beschert.

(Rose)

Sommerverse

Petersilie, Suppenkraut
wächst in unserm Garten,
unser Lieschen ist die Braut,
soll nicht länger warten.
Roter Wein, weißer Wein,
morgen soll die Hochzeit sein.

Ringel, Ringel, Rosen,
schöne Aprikosen,
Veilchen und Vergissmeinnicht,
alle Kinder freuen sich.

Liebe Schwester, tanz mit mir,
beide Hände reich' ich dir!
Einmal hin, einmal her,
rundherum, das ist nicht schwer.

Blauer, blauer Fingerhut
steht der Jungfer gar so gut!
Jungfer, du musst tanzen
in dem Blumenkranz
Jungfer, du musst stille stehn
und dich dreimal rundum drehn.
Jungfer, du musst knien
und dir eine ziehen
von Weide, von Seide,
von lauter blauer Seide.

Wanderverse

Zum Wandern singen wir mit den Kindern oder sagen Verse auf. Das macht müde Kinderfüße munter. Essen und Trinken packen wir vorher gemeinsam in den Rucksack.

Ri ra rutsch,
wir fahren mit der Kutsch!
Wir fahren mit der Chaise
zu der Tante Rese.
Tante Rese ist nicht da,
fahr'n wir halt zum Opapa.
Opapa ist auch nicht da.
Kehr'n wir wieder um, ri ra rum.

Ich bin ein kleiner Pumpernickel,
ich bin ein kleiner Bär.
So wie mich Gott erschaffen hat,
so zottle ich daher.

Eins, zwei, drei und eine
lupft schnell eure Beine
lupft schnell euer Bein, Bein, Bein
sonst kommen wir nicht mehr heim,
heim, heim.

Wir wandern, wir wandern
von einer Stadt zur andern,
und wird es uns zu dumm,
so kehren wir wieder um!

Wanderhut
tut jedem gut

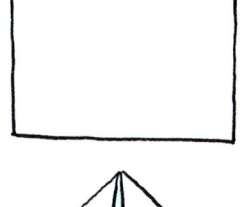

Als Sonnenschutz falten wir uns Zeitungshüte

1. Doppelten Zeitungsbogen
   in die Hälfte legen.
2. Senkrechte Mittellinie falten.
3. Ecken zur Mitte falten.
4. An beiden Seiten Ränder
   hochschlagen und wenden.
5. Die vorstehenden vorderen
   Ecken nach hinten falten,
   die hinteren nach vorn.
6. + 7. Unten öffnen,
   Ecken aufeinanderlegen.
8. Vordere Ecke
   zur Spitze falten, wenden.
9. Hintere Ecke
   zur Spitze falten. Dreispitz mit
   „Papierfederbusch" verzieren.

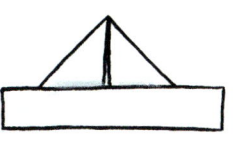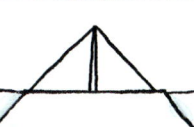
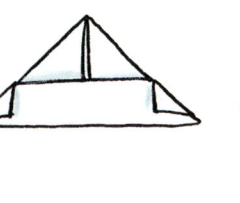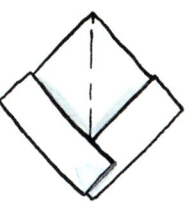

Vom Hut
zum Segelschiffchen

Für das Segelschiff falten wir einen halben
Zeitungsbogen bis zum Hut, wie die Abbildung zeigt, bis Punkt 9.

10. + 11. Wir öffnen den Dreispitz unten und
    legen die Ecken aufeinander.
12. + 13. Das sieht so aus. Hier nochmals wie
    bei 8. + 9. die Ecken zur Spitze falten.
14. Mittlere Ecken sorgfältig
    nach außen ziehen.
15. Unser Segelschiff ist fertig und kann in
    jeder Pfütze, jedem Brunnen oder
    Bächlein „in See stechen".

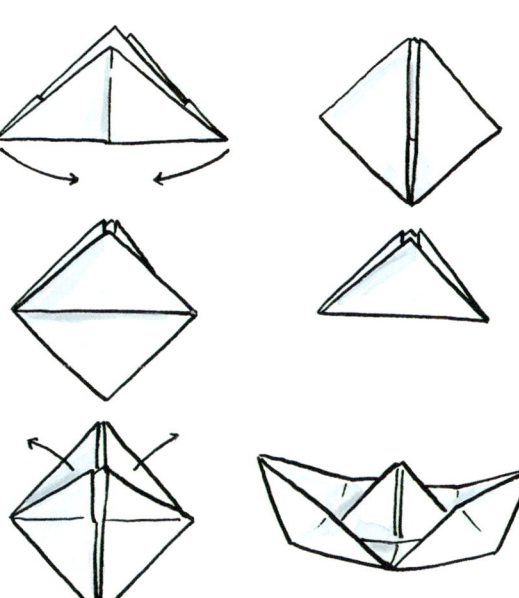

Endlich ist nun Ferienzeit, die Sonne lacht uns weit und breit

Ferienzeit: Die Kirschen sind reif. Der Bauer auf dem Lande hat viel zu tun. Im Garten blühen Ringelblumen, Phlox und Rittersporn, wachsen Salat und Gemüse. Die warmen Sommertage locken uns ins Freie. Baden am See oder Meer und Spielen mit Sand und Wasser erfreuen alle Kinderherzen. Nehmen wir uns Zeit, auf Wanderungen an Bachufern Stauungen und Häfen Papier- und Rindenschiffe zu bauen oder ein Wasserrad zu konstruieren. Im Wald ist es jetzt schön kühl, genau der richtige Moment, um Mooshäuschen zu bauen.

Heut' mittag wolln wir baden gehn,
die Lies, der Franz und ich.
Wir schwimmen durch das Rote Meer,
zwei Meter hin, zwei Meter her,
die Lies, der Franz und ich.

Spielen im Sand

Backe, backe Kuchen,
der Bäcker hat gerufen:
Wer will guten Kuchen backen,
der muss haben sieben Sachen:
Eier und Schmalz,
Butter und Salz,
Milch und Mehl,
Safran macht den Kuchen gelb!

Am Strand kann man herrliche Sandkuchen backen. Wer backt die schönste Sandtorte? Da ist schon mehr Fantasie gefragt.

Wettspiel im Sand

Jeder Spieler baut einen Sandberg. Wer hat am schnellsten den höchsten Berg aufgeschüttet?
Dann wird eine „Bergstraße" angelegt und mit Muscheln oder Kieselsteinen gepflastert.
Wer baut eine Kugelbahn?
Wessen Auto oder Kugel rollt am weitesten?
Wer baut die schönste Sandburg?
Wer gräbt das tiefste Loch?
Wer bohrt den längsten Tunnel?
Wer beherrscht die große Kunst, den Sand ganz flach zu klopfen und mit dem Finger Spuren einzuzeichnen?

Wenn's warm ist im Sommer und trocken dazu,
da spar' ich der Mutter die Strümpf' und die Schuh.
Die Strümpf' und die Schuh, die kosten viel Geld,
ich lauf' gerne barfuß wie die Gänslein durchs Feld.

Sandmuster

Kinder erleben den Sand als tolles Spielzeug.
Man kann den Sand durch die Hände rieseln
lassen, Spuren ziehen, Bilder in den Sand
malen, Gräben ziehen und darin Wasser laufen lassen. Sich gegenseitig ein- und wieder
ausbuddeln.
Lustige Sandmonster entstehen, wenn man
vorher in Wasser eintaucht und sich dann
im Sand wälzt. Man kann natürlich
auch nur Teile nass machen,
z. B. Hände und Füße
und diese dann in
den Sand stecken.

Sandmännchen im Garten

Fast dieselben Spiele, die man mit Sand am
Strand macht, gehen auch zu Hause. Da muss
man dann ein bisschen improvisieren. Der
Gartenschlauch, ein Eimer und eine Wanne
Wasser ersetzen das Meer oder den See, und
wenn im Sandkasten genü-
gend Sand ist, kann man
sich auch darin wälzen
und zum Sandmännchen
werden.
Und Sandkuchen backen
und eine Sandburg
bauen geht sowieso.

41

Wasserspiele

Kinder haben nur Freude an Wasserspielen, wenn sie keine Angst mehr haben vor dem Wasser. Deshalb Kinder nie zu Wasserspielen zwingen! Hier ein paar Anregungen, wie sich die Kleinen im Spiel mit dem nassen Element vertraut machen können:

Deckel versenken

In der Mitte des Tisches steht eine Schüssel voll Wasser. Im Wasser schwimmt ein Konservendeckel. Es wird reihum gewürfelt.

Wer eine Sechs hat, gibt einen Kaffeelöffel voll Wasser in den Deckel. Wer ihn durch sein Wasser zum Sinken bringt, muss ein Pfand hergeben.

Duschen

Wir singen ein Lied unter der Dusche. Wer kann dabei die Augen offen halten?

Wer füllt am schnellsten seine Badehaube mit Wasser und gießt sie sich über den Kopf?

Wasserflugzeug

Die Kinder spielen Wasserflugzeug. Sie gehen surrend durchs Wasser und lassen die Arme kreisen wie die Propeller eines Wasserflugzeuges.

Kunststück

Wer kann mit einer Wasserpistole durch einen Schwimmring spritzen?

Wasserflöhe

Wir sammeln flache Steine und werfen sie möglichst flach über den Wasserspiegel. Wer kann sie mit einem Wurf mehrmals hüpfen lassen?

Spritzspiel

Wir füllen kleine Plastiksäcke mit Wasser und stechen Löchlein hinein. Mit diesen kleinen Wasserbomben lässt sich herrlich spritzen und eine Wasserschlacht veranstalten.

Wasser-Fangen

Wir spielen „Fangen" im kniehohen Wasser.

Wasserflaschen-Ballspiel

Zwei Kinder stehen sich in etwa fünf Metern Abstand gegenüber, vor sich eine offene gefüllte Plastikflasche. Auf das Kommando „Los!" wirft ihnen der Spielleiter den Ball zu. Die beiden Kinder versuchen nun, gegenseitig mit dem Ball die Wasserflasche des anderen umzustoßen. Es darf mit der Hand geworfen und mit dem Fuß gekickt werden! Das „Flaschenopfer" rennt dem Ball nach und holt ihn so rasch wie möglich zu seiner Flasche zurück. Während der Ballsuchaktion hält der Gegner die umgekippte Flasche in die Luft, mit der Öffnung nach unten.
Er freut sich natürlich, wenn während dieser Zeit möglichst viel Wasser ausläuft. Hat das Flaschenopfer den Ball zurückgebracht, wird die Flasche wieder aufgestellt, und das Spiel geht weiter. Wer zuerst kein Wasser mehr in seiner Flasche hat, ist Verlierer. Dieses Spiel macht besonders kräftigen und wilden Kindern Freude.

Wassertragen

Dieses Wettspiel wird an heißen Sommertagen draußen gespielt. Wir teilen die Kinder in zwei Gruppen. Jede Gruppe bildet eine Reihe. Vor dem ersten Spieler steht ein leerer Plastikeimer auf dem Boden. In einiger Entfernung wurde für jede Gruppe ein Kübel mit gleich viel Wasser hingestellt. Auf das Kommando „Los!" müssen die „Wasserträger" der Reihe nach mit einem oder zwei Joghurtbechern Wasser holen. Es sollte beim Laufen möglichst wenig Wasser verschüttet werden. Am Schluss ist die Gruppe Sieger, die in der kürzesten Zeit am meisten Wasser ans Ziel transportieren konnte.

Luftblasenspiel

Mit leeren Büchsen, Gießkannen oder Joghurtbechern kann man Luft unter die Wasseroberfläche bringen und wieder nach oben entweichen lassen.

Schwamm in den Eimer

Wer trifft mit dem nassen Schwamm in den Eimer? Auf den Ruf „Schwamm in den Eimer" beginnt das Spiel ...

Pingpongballblasen

Wer kann seinen Pingpongball im Schwimmbecken am schnellsten über das Wasser blasen?

Rezepte für das Sommerfest

Für unser Sommerfest im Garten bereiten wir einen erfrischenden Holunderblütensirup vor. Er wird mit kaltem, prickelndem Mineralwasser verdünnt serviert.

Holunderblütensirup

Wir nehmen:
4 große Holunderblüten,
ohne grobe Stängel
2 kg Zucker
2 l Wasser
70 g Zitronensäure

Alle Zutaten zusammen aufkochen, umrühren, bis sich der Zucker gelöst hat.
1 bis 2 Tage zugedeckt stehen lassen.
Im kalten Zustand filtrieren und in Flaschen abfüllen, gut verkorken und einige Tage kühl lagern bis zum Fest.

Hot Dogs

Ovale Sandwichbrötchen halbieren, in der Mitte leicht aushöhlen und mit Senf bestreichen. Auf die eine Hälfte legen wir ein Würstchen, decken es mit der anderen Sandwichhälfte zu und wickeln das Ganze in Alufolie. Entweder auf dem Grill oder im Backofen backen.

Halbierte Eier

Hart gekochte Eier halbieren, das Eigelb herausnehmen und mit Sauerrahm, ein wenig Senf, Salz und Pfeffer verrühren: Die cremige Masse füllen wir wieder in die Eihälften. Mit Petersilie oder Schnittlauch garnieren.

Gefüllte Brötchen

Runde Sandwichbrötchen halbieren, mit Butter oder Margarine bestreichen. Auf eine Hälfte eine Scheibe Tomate und eine Scheibe Käse geben, mit Aromat würzen. Mit der anderen Sandwichhälfte zudecken, in Alufolie wickeln. Entweder auf dem Grill oder im Backofen backen.
Dazu servieren wir kleine Beilagen wie Radieschen, Kohlrabischeiben, Senfgurken und Maiskölbchen.

Erdbeertraum

Als Nachspeise servieren wir einen „Erdbeertraum".

Reife Erdbeeren zerkleinern, Zucker beigeben und etwas durchziehen lassen.
Vor dem Servieren mit kühlem Joghurt mischen.

Dekorationen für das Sommerfest

Blätterkranz

Den Blätterkranz stecken wir mit den eigenen Blattstielen zusammen. Wir suchen uns deshalb ein Blatt aus, das oval ist und einen starken Stiel hat.

1. Wir legen das Blatt in die Hälfte und stoßen den Stiel durch.

2. Dann legen wir ein zweites Blatt darunter und stoßen den Stiel durch das erste und das zweite Blatt auf die Rückseite.

3. Wir fahren so fort, bis sich der Kranz schließen lässt. Am besten können wir auf einer harten Unterlage arbeiten. Diese Blätterkränze wirken wunderschön als Sommertisch-Dekoration.

Streifengirlande

Wir schneiden verschiedenfarbige Krepppapierrollen in Streifen von 4 x 50 cm und ziehen diese mit einer Nadel auf einen dicken Baumwollfaden auf oder hängen sie mit Heftklammern über eine aufgespannte Schnur.

Tischdekoration

Den Sommerfest-Tisch schmücken wir festlich mit Wiesenblumensträußchen, Rosen oder Kränzchen aus Blättern.

Wenn das Fest bis in den Abend hinein geht, stellen wir zur Beleuchtung dicke Kerzen in Joghurtgläsern auf.

Spiele zum Austoben

Kinder genießen es, wenn sie am Sommerfest überschüssige Energie in Spiele stecken
können. Hier ein paar Beispiele zum Aus-
toben:

Dreibein-Wettrennen

Die Kinder stellen sich pärchenweise auf. Wir
binden ihnen mit einem großen Baumwoll-
tuch die Beine so zusammen, dass ein „Drei-
bein" entsteht. Auf das Kommando „Los!"
humpeln die „Dreibein-Pärchen" um die
Wette zum vorbestimmten Ziel. Die Sieger
dürfen sich einen Preis auswählen. Der Rest
bekommt Trostpreise, z. B. Rosinen, Eistee,
Äpfel usw.

Sackhüpfen

Zwei Wettläufer stecken in Säcken, die unter
den Armen zugebunden sind. Sie hüpfen um
die Wette bis zum vorbestimmten Ziel.
Variante: Bei großen Kindern kann das Sack-
hüpfen erschwert werden, indem man den
Sack über den Armen lose zubindet.

Zeitungslauf

Wir bestimmen die Laufbahn, die durch den Garten oder von Busch zu Busch geht. Es starten immer jeweils zwei Läufer. Die Wettläufer halten je zwei zusammengefaltete Zeitungen in den Händen. Auf „Los!" legen sie die erste Zeitung vor den rechten Fuß, stehen darauf, legen die zweite Zeitung vor die erste, setzen den linken Fuß darauf. Nun heben sie die erste Zeitung wieder auf und legen diese vorne dran usw. Man darf bei diesem Zeitungsrennen jeweils nur auf einer Zeitung stehen. Verboten ist es, zwei Füße auf einer Zeitung zu haben oder gleichzeitig zwei Füße auf zwei Zeitungen zu stellen. Wer schafft es, das Ziel zu erreichen? Wer ist als erster dort?

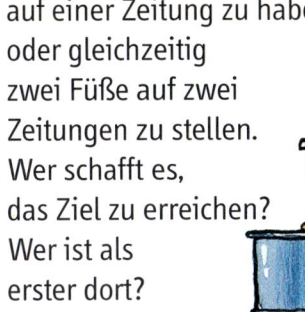

Pyramiden-Werfen

Wir bauen mit leeren Konservendosen eine Pyramide auf. Die Dosen sehen besonders hübsch aus, wenn wir sie vorher bunt bekleben oder bemalen. Jedes Kind darf nacheinander drei Bälle werfen. Wer die meisten Dosen mit einem Wurf umschießt, hat gewonnen. Die Kleinen erfreuen sich an jedem Treffer.

Kartoffelwettlauf

Jedes Kind bekommt einen Suppenlöffel mit einer Kartoffel darauf in die Hand. Auf „Achtung, fertig, los!" laufen alle zur Ziellinie. Wem die Kartoffel beim Laufen herunterfällt, scheidet aus. Und die nächste Gruppe läuft los.

Statt Sommerfest ein fröhliches Picknick

Picknicks gehören zur Ferienzeit. Lassen wir Ausflüge mit Holzsammeln, Feuermachen und Braten festlich ausklingen. Außer am Lagerfeuer nur Würste zu braten, können wir unseren Kindern auch Blätterteig-Schlangenbrot, Astgabel-Toast, Silberkartoffeln oder Zigeuner-Tomaten offerieren.

Blätterteig-Schlangenbrot

Gekauften Blätterteig in Streifen schneiden und zwischen den Händen zu Schlangen rollen, etwa 40 cm lang. Schlangen je nach Wunsch in geriebenem Käse, Kümmel oder Sesam drehen. Einen Holzspieß spitzen, das Ende der Teigschlange anspießen, bis zum anderen Ende spiralförmig um den Holzspieß wickeln.
Über der Glut so lange drehen, bis das Schlangenbrot durchgebacken ist.

Astgabel-Toast

Ein Brotstück mit einer Scheibe Schmelzkäse belegen, auf einer Astgabel, mit genügend Abstand, über dem Feuer backen, bis der Käse fließt.

Silberkartoffeln

Nicht zu große, gewaschene Kartoffeln mit einer Prise Salz bestreuen, eventuell etwas Kümmel beifügen. Kartoffeln in Alufolie einwickeln, in die Glut legen und ca. 40 Minuten backen.

Zigeuner-Tomaten

Tomaten oben kreuzweise einschneiden, würzen, in Alufolie einrollen und kurz in der heißen Asche backen.

Kirschkern spucken

Zum Nachtisch gibt es dann Kirschen, und weil man schon im Freien ist, kann man auch gleich ein Kirschkern-Wettspucken veranstalten.

Der Herbst ist sanft und mild, malt ein herrlich buntes Bild

Der Herbst bietet uns Gelegenheit, mit den Kindern einmal über das Wachsen und Reifen der Früchte zu sprechen. Vom Ertrag der Ernte ist das Wohl der meisten Menschen abhängig. Daraus haben sich unsere Erntedankfeste entwickelt. Schauen wir uns im Garten, auf den Feldern und auf dem Markt um, was es jetzt alles zu ernten gibt.
Früchte und Gemüse lassen sich nicht nur mit den Augen und den Händen „betrachten", sondern auch mit der Nase und dem Mund! Lassen wir Kinder den Herbst mit allen Sinnen erleben.

Sonnenblume, Sonnenblume
steht an unsrem Gartenzaun,
außen hat sie gelbe Blätter,
innen ist sie braun.
Kommt ein Vöglein angeflogen,
Hunger hat's gar sehr:
„Sonnenblume, Sonnenblume
schenk mir ein paar Körnlein her!"
Sonnenblume, Sonnenblume
gibt ihm Körnlein ohne Zahl.
„Danke!", sagt das kleine Vöglein,
„das war ein köstlich Mahl!"

Rätselreime

Ich fahre durch das Ährenfeld
und fresse alles leer.
Aus meinem dicken Bauche fällt
ein großes Körnermeer
und auch das Stroh in langen Reih'n.
Nun sagt mir schnell, wer kann es sein?

(Die Dreschmaschine)

Schöne rote Äpfel,
schöne gelbe Birnen,
Zwetschgen mit dem harten Kern
essen alle Kinder gern.

Michel
hol die Sichel,
geh auf den Acker,
schneide wacker,
hau hoch und hau nieder,
komm mit viel Korn wieder.

Der Bauer baut's,
der Müller mahlt's,
der Bäcker bäckt's
und den Kindern schmeckt's.
Was ist das?

(Das Brot)

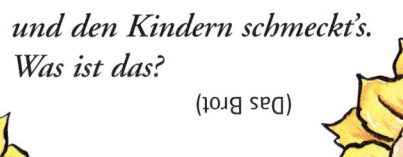

Die Schwalben sammeln sich

Wer kennt die Rauchschwalben? Sie fliegen pfeilgeschwind durch die Luft und jagen nach Mücken. Sie haben einen gegabelten Schwanz und eine rotbraune Kehle und eine blauschwarze Oberseite. Sie zwitschern: Tsiwit, tsiwit, tsiwit! Ihre Jungen vom Frühjahr sind alle groß geworden. Nun üben sie für den langen Flug nach Afrika. Sie müssen bis zu 10 000 Kilometer fliegen, um den Winter in der Wärme zu verbringen. Am Abend sammeln sie sich wieder und sitzen auf den Drähten der Telefonleitungen. Je nach Wetter verlassen sie uns von Mitte September bis Mitte Oktober.

Wir schneiden uns im Faltschnitt Schwalben aus Zeichenpapier (siehe Abbildung) aus. Wir stecken sie über den Zeigefinger einer Hand und fliegen los: „Zwi, zwa, zwott, die Schwalben fliegen fort." Wer fängt die meisten Mücken? Wer fliegt übers Meer nach Afrika und wieder zurück?

Fangspiel

Vier Kinder sitzen als Vögel je auf einem vorbestimmten „Nest". Ein fünftes Kind steht in der Mitte und ruft:

> *„Alle Vögel fliegen aus,*
> *jeder in ein anderes Haus."*

Jeder Vogel fliegt zu einem anderen Nest. Während des Wechsels sucht auch der Rufer ein Nest. Wer übrig bleibt, darf beim nächsten Spiel als Rufer in der Mitte stehen.

Zwi, zwa, zwott,
die Schwalben fliegen fort.
Sie fliegen bis nach Afrika,
im Frühjahr sind sie wieder da.
Zwi, zwa, zwott,
die Schwalben fliegen fort.

Susanne Stöcklin-Meier

Bastel- und Sammelfreuden im Herbst

Die Kinder sammeln Eicheln, Kastanien, Tannenzapfen, Hagebutten, Maiskörner, Schneckenhäuser, Sonnenblumenkerne und so weiter. Kleine Hände schaffen daraus wahre Wunderwerke. Hagebutten verwandeln sie in Figuren, Eicheln werden zu Kühen oder Puppengeschirr, Bucheckerchen lassen sich in Elefanten verwandeln, und aus Kastanien entstehen Raketen.

Mit den gesammelten Tannenzapfen, Nüssen, Kieselsteinen, Bohnenkernen können die Kinder auch Bilder legen.

Im Herbst lassen sich zudem aus getrockneten Samen kleine Bilder kleben.

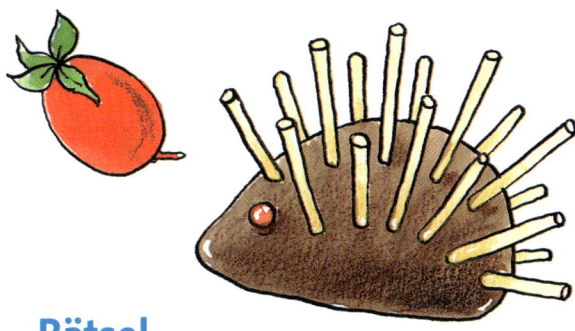

Bunt sind schon die Wälder,
gelb die Stoppelfelder,
und der Herbst beginnt.
Rote Blätter fallen,
graue Nebel wallen,
kühler weht der Wind.

Rätsel

Wer errät die Früchte und Gemüse,
die in diesen Rätseln versteckt sind?

Stacheln hab ich wie ein Igel.
Ei, sieht das nicht lustig aus?
Purzle ich vom Baum herunter,
springt ein braunes Männlein raus.

(Die Kastanie)

Wer ist so klug, wer ist so schlau,
dem schüttl' ich was vom Bäumchen,
's ist innen gelb und außen blau,
hat mitten drin ein Steinchen.

(Die Pflaume)

Hat sieben Häute,
beißt alle Leute.

(Die Zwiebel)

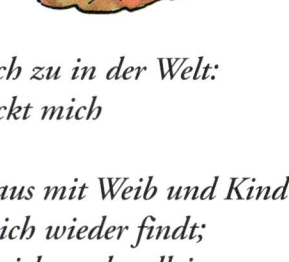

Es geht doch komisch zu in der Welt:
Im Frühjahr versteckt mich
der Bauer im Feld,
im Herbst zieht er aus mit Weib und Kind
und sucht, bis er mich wieder findt;
aber dann bin ich nicht mehr allein,
ich hab 'ne Menge Kinderlein!

(Die Kartoffel)

Pflaumenernte

Als Kind beeindruckte mich der weiße Belag auf den Zwetschgen und Pflaumen sehr. Ich stellte mir vor, Zwerge hätten sie in Puderzucker gedreht … Vielleicht schmeckten sie mir darum so gut! Zur Zeit der Pflaumenernte sprechen und spielen wir mit den Kindern ein paar altbekannte Pflaumenverse.

Es steht ein Baum im Garten,
von Pflaumen voll und schwer.
Die Kinder drunten warten
und lauschen ringsumher,
ob nicht der Wind ihn rüttle,
ob nicht der Wind ihn schüttle,
dass alle purzeln kreuz und quer.
O Wind, o Wind, o rüttle,
o Wind, o Wind, o schüttle!

Kugelrunde Pflaumen
purzeln in das Gras,
purzeln unsrem Peter
auf die Stumpennas.

Das ist der Daumen,
der schüttelt die Pflaumen,
der liest sie auf,
der trägt sie heim,
und der kleine Stumpen,
isst sie ganz allein.

Drucken mit Kartoffelstempeln

Wir brauchen dazu Papierbögen, einige rohe Kartoffeln, Deckfarben, Wasser, Pinsel und ein Küchenmesser.

Die Kartoffel wird zuerst in handliche Stücke zerteilt. Die Schnittfläche kann in unterschiedliche Formen, wie Quadrate, Rechtecke, Halbkreise usw., geschnitten werden. Diese Formen färben wir mit Wasserfarbe ein und drucken sie auf Papierbögen, Servietten oder weiße Postkarten. Auch Einladungen für Feste lassen sich so verzieren.

Durch das Aneinanderfügen der verschiedenen Stempel entstehen lustige Figuren. Färben die Kinder Kartoffelstempel mit Stoffdruckfarbe ein, können sie hübsche Tischsets, Taschen- oder Halstücher herstellen.

Kartoffelfiguren

Wir brauchen dazu große und kleine Kartoffeln und Zahnstocher. Damit stecken wir lustige Männchen und Tiere. Zum Beispiel eine Kartoffelente: Wir suchen eine kleine und eine große Kartoffel heraus und stecken sie mit einem Zahnstocher so zusammen, dass die Form einer Ente entsteht. Am Kopf und am Rumpf bringen wir je einen Einschnitt an, in die wir dann Kartoffelstückchen als Schnabel und Schwanz einschieben. Aus verschieden großen Kartoffeln lassen sich ganze Entenfamilien zusammenstecken.

Kartoffeln im Feuer

Vor dem Braten nehmen wir die Figuren auseinander und waschen die Kartoffeln gründlich. Mit einer Prise Salz bestreuen, eventuell etwas Kümmel beifügen. Kartoffeln in Alufolie einwickeln, in die Glut legen und ca. 40 Minuten backen.

Bis die Kartoffeln gar sind, erzählen wir das Märchen vom Kartoffelkönig.

Das Märchen vom Kartoffelkönig

Es war einmal ein Kartoffelkönig. Der lag in einer Kiste im Keller, mitten unter großen, prächtigen Kollegen. Doch der Kartoffelkönig war zwölfmal größer als sie. Da kam die Großmutter in den Keller und wollte Kartoffeln holen für das Mittagessen. Sie legte auch den Kartoffelkönig in ihr Körbchen und sagte: „Ei, ist das eine dicke Kartoffel." Als die Grossmutter mit dem vollen Körbchen aus dem Keller kam, sprang der Kartoffelkönig heraus und rollte und rollte, rumpedipum, über den Hof ins Feld.
Er rief: „Ich lass mich nicht schälen! Ich lass mich nicht essen! Ich bin der Kartoffelkönig!" Er rollte und rollte, rumpedipum. Die Großmutter konnte ihn nicht einfangen. Sie rief:

„Lauf nur, rumpedipum!
Vielleicht findet dich ein armes Tier
und frisst sich satt an dir!"
Der Kartoffelkönig rollte und
rollte, rumpedipum.

Da begegnet ihm der Igel, der rief: „Guten Tag, dicke Kartoffel! Warte, ich fress dich zum Frühstück!" „Nein!", rief der Kartoffelkönig. „Großmutter hat mich nicht gefangen, also erwischt mich auch kein Igel!" Er rollte und rollte, rumpedipum, von der Wiese in den Wald.

Da begegnet ihm ein Wildschwein, das rief: „Hurra, da kommt ein prächtiges Mittagessen, ich will dich ratzfatz fressen!" „Nein!", rief der Kartoffelkönig. „Großmutter hat mich nicht gefangen, Igel hat mich nicht erwischt, also frisst mich auch kein Wildschwein!" Er rollte und rollte, rumpedipum, noch tiefer in den Wald.

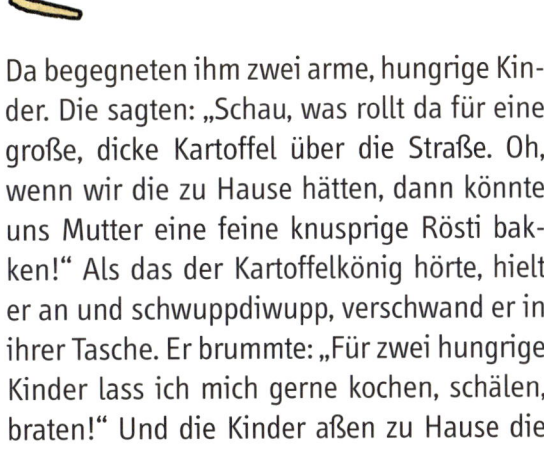

Da begegnet ihm ein Hase, der rief: „Halt an, du dicke, schöne Kartoffel. Ich will dich fressen!" „Nein!", rief der Kartoffelkönig. „Großmutter hat mich nicht gefangen, Igel hat mich nicht erwischt, Wildschwein konnte mich nicht schnappen, also frisst mich auch kein Hase!" Er rollte und rollte, rumpedipum, vom Wald auf die Straße.

Da begegneten ihm zwei arme, hungrige Kinder. Die sagten: „Schau, was rollt da für eine große, dicke Kartoffel über die Straße. Oh, wenn wir die zu Hause hätten, dann könnte uns Mutter eine feine knusprige Rösti bakken!" Als das der Kartoffelkönig hörte, hielt er an und schwuppdiwupp, verschwand er in ihrer Tasche. Er brummte: „Für zwei hungrige Kinder lass ich mich gerne kochen, schälen, braten!" Und die Kinder aßen zu Hause die feine, knusprige Rösti mit Genuss!

Gemüsekasper

Wir suchen uns mit den Kindern auf dem Markt oder im Garten verschiedene Gemüse aus: Karotten, Lauch, Zwiebeln, Kartoffeln und andere mehr. Das Gemüse verwandeln wir anschließend in Gemüsekasper: Frau Zwiebel geht mit Herrn Lauch spazieren. Die Karottensusi tanzt wie wild. Der Kastanienkoch brutzelt feines Essen. Der Kartoffelhund bewacht die Gemüsekasper... Wer erfindet eigene kleine Handlungen? Nach einem oder zwei Tagen bereiten wir das Gemüse mit den Kindern zu, zerschneiden es fein und kochen gemeinsam eine Gemüsesuppe.

Der geheimnisvolle Sack

Verschiedene, den Kindern bekannte Früchte und Gemüse wie Apfel, Birne, Karotte, Kartoffel, Zwiebel und so weiter werden in einen Stoffsack gegeben. Die Kinder können nun durch bloßes Betasten erraten, was im Sack ist. Man lässt die Kinder mit verbundenen Augen in den Sack greifen oder bindet den Sack zu und lässt die Dinge von aussen betasten. Jeder, der etwas erraten hat, bekommt am Schluss etwas aus dem geheimnisvollen Sack zum Essen.

Husch, husch, husch,
der Wind geht kalt,
Bauer flick' die Hosen bald!
Wenn die Hosen zerrissen sein,
geht der Wind zum Loch hinein.

Zappelspinne und Kastanienkoch

Die Rosskastanien wurden im 16. Jahrhundert aus dem Balkan nach Mitteleuropa gebracht. Ein Baum kann bis zu 30 Meter hoch werden. Die Kinder sammeln mit großer Freude Kastanien. Sie basteln mit unserer Hilfe zappelige Spinnen und lustige Köche.

Für den Koch bohren wir den Kindern ein großes Loch quer durch eine Kastanie.
Durch das Loch wird ein Taschentuch gezogen, so dass eine schöne Kochhaube entsteht. Wir stecken den Kastanienkoch auf den Finger. Das Handpuppenspiel kann beginnen.

Für die Zappelspinne bohren wir in die Kastanie einen Kranz von etwa 8 Löchern vor und stecken Zahnstocher hinein. Wir knüpfen einen Wollfaden daran, möglichst nahe an der Kastanie, und beginnen von da aus die Zahnstocher zu umwickeln. Entspricht das Spinnennetz der gewünschten Größe, stellen wir uns auf einen Stuhl oder Tisch und lassen die Spinne dem Faden entlang nach unten zappeln ... Ist der Faden abgewickelt, beginnt das Spiel von vorn.

Apfelschwan und Birnenmaus

Aus Äpfeln und Birnen lassen sich lustige Figuren schneiden. Wer versucht einen Apfel in einen Schwan zu verwandeln oder eine Birne in eine Maus?

Wir brechen der Birne den Stiel ab und stecken ihn unten in die Rundung. Der Stiel markiert den Mäuseschwanz. Vorn schneiden wir zwei Dreiecke ins Fruchtfleisch ein und stellen sie auf. Sie markieren die Ohren. Wer will, kann noch zwei kleine Äuglein einschneiden. Damit sie einen besseren Stand hat, schneiden wir die Birne auf der Unterseite flach.

Ich bin der Herbst,
ich bringe den Wind,
die Äpfel im Garten,
viel Trauben fürs Kind.

Aus roten Äpfeln entstehen schöne Schwäne. Wir drehen den Apfelstiel raus und schneiden daneben einen Schalenhalbmond ab. Er muss dünn sein und etwa 1 cm breit. Dieses Schalenstück heben wir auf. Es bildet nachher Kopf und Schwanenhals. Wir drehen den Apfel um und schneiden rechts und links neben der Fliege ein rechtwinkliges Apfelstück ein. Wir schieben beide nach hinten. Sie bilden die Flügel. Wenn wir vorne einen Schlitz einschneiden, können wir unseren Apfelhalbmond als Schwanenhals einsetzen.

Karotten-Figuren

Kinder finden es lustig, wenn sich Karotten vor dem Essen in lustige Figuren verwandeln. Hier ein paar Anregungen:

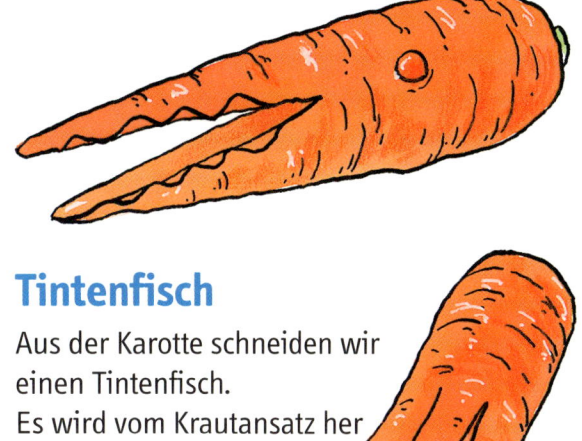

Krokodil

Wir schneiden eine Karotte in der Mitte ein. Dabei öffnet sich von selbst ein Riesenmaul! Das Karotten-Krokodil sieht noch viel gefährlicher aus, wenn wir ihm beidseitig große Zähne einkerben. Die Augen nicht vergessen! Mit diesem Krokodil können die Kinder herrlich nach ihren Freunden schnappen und sie zum Schein verspeisen. Es hat auch die richtige Größe zum Spiel mit Fingerpuppen.

Tintenfisch

Aus der Karotte schneiden wir einen Tintenfisch.
Es wird vom Krautansatz her mit vier Längsschnitten eingeschnitten.

Flöte

Aus Karotten entstehen Flöten. Wir schneiden ein Mundstück ein und verschiedene Löcher zum Greifen. Das Daumenloch auf der Rückseite nicht vergessen! Bevor die Kinder ihre Flöte aufessen, blasen sie lustige Melodien und spielen bekannte Lieder darauf.

Indianer-Kanu

Wir schneiden an einer Karotte längsseits ein flaches, dünnes Stück ab. In die Karotte kerben wir in der Mitte quer eine Rille ein, in diese stecken wir den Indianer.

Die riesengroße Rübe

Der Großvater pflanzte eine Rübe.
Er sagte zu ihr:
„Wachse, Rübe wachse!"
Und die Rübe wuchs und wuchs
und wurde riesengroß!

Im Herbst will der Großvater
die Rübe herausreißen.
Er zieht und zieht,
aber sie kommt nicht heraus!

Der Großvater ruft
die Großmutter zu Hilfe:
Die Großmutter zieht am Großvater,
der Großvater an der Rübe.
Sie ziehen und ziehen,
aber sie kommt nicht heraus!

Die Großmutter ruft den Enkel zu Hilfe:
Der Enkel zieht an der Großmutter,
die Großmutter am Großvater,
der Großvater an der Rübe.
Sie ziehen und ziehen,
aber sie kommt nicht heraus!

Der Enkel ruft das Hündchen zu Hilfe:
Das Hündchen zieht am Enkel,
der Enkel an der Großmutter,
die Großmutter am Großvater,
der Großvater an der Rübe.
Sie ziehen und ziehen,
aber sie kommt nicht heraus!

Das Hündchen ruft die Katze zu Hilfe:
Die Katze zieht am Hündchen,
das Hündchen am Enkel,
der Enkel an der Großmutter,
die Großmutter am Großvater,
der Großvater an der Rübe.
Sie ziehen und ziehen,
aber sie kommt nicht heraus!

Die Katze ruft die Maus zu Hilfe:
Die Maus zieht an der Katze,
die Katze am Hündchen,
das Hündchen am Enkel,
der Enkel an der Großmutter,
die Großmutter am Großvater,
der Großvater an der Rübe.

Sie ziehen und ziehen,
und mit Hilfe der Maus
kommt die riesengroße,
mächtige, prächtige Rübe heraus!

Karottentorte

Backen wir diesen Herbst bewusst mit un-seren Kindern eine Karottentorte. Holen wir die Karotten gemeinsam aus dem Garten oder auf dem Markt. Lassen wir die kleinen Bäcker so viel wie möglich mitarbeiten: Karotten waschen, schälen, raspeln, Eier aufschlagen, Zucker abwiegen, rühren, Schüssel ausschlecken usw.

Hier das Karottentorten-Rezept:
250 g Zucker
3 Eigelb
250 g Haselnüsse
Saft und Schale einer Zitrone
400 g Karotten
4 Esslöffel Mehl
1 Kaffeelöffel Backpulver
3 Eierschnee

Tortenpapier aus Faltschnitten

Wir garnieren unsere Karottentorte mit einem Scherenschnitt und Puderzucker. Wir schneiden einen Kreis aus Papier. Er sollte denselben Durchmesser wie die Torte haben. Den Kreis falten wir zusammen und schneiden ein hübsches Scherenschnittmuster aus. Wir legen das flachgestrichene Papier auf die Torte und stäuben mit dem Mehlsieb eine dünne Schicht Puderzucker darüber. Vorsicht beim Abheben, damit das Puderzuckermuster nicht verschmiert!
Wollen wir den Scherenschnitt als Unterlage benützen, so verzieren wir nur den sichtbaren Teil. Das Tortenpapier muss deshalb einen größeren Durchmesser als die Torte haben.

Zucker und Eigelb schaumig rühren. Die geriebenen Karotten und Haselnüsse, Saft und Schale einer Zitrone und das gesiebte Mehl mit dem Backpulver vermengen. Das Eiweiß zu Schnee schlagen und leicht darunterziehen. Die Masse in eine mit Fett ausgestrichene und mit Mehl ausgestäubte Form geben.
Im vorgewärmten Ofen bei schwacher Hitze backen. Backzeit: $\frac{3}{4}$ bis 1 Stunde.

Herbsträtsel

Hoch wie ein Haus,
klein wie eine Maus,
stachelig wie ein Igel,
glänzend wie ein Spiegel –
was ist das?

(Die Kastanie)

Das Feld ist leer
und regenschwer,
die Erde nass,
sag', wann ist das?

(Im Herbst)

Mich sammelt gerne groß und klein
und frisst vergnügt das wilde Schwein.

(Die Eichel)

Es hat keinen Mund
und kann doch blasen,
heulen und pfeifen um Ohren und Nasen.
Es hat keine Beine und muss doch eilen,
alle Tage viele hundert Meilen.
Es hat keine Hände und kann doch rütteln,
Haare zausen und Bäume schütteln,
wild mit Türen und Fenstern schlagen,
Drachen hoch in die Lüfte tragen.
Wer's auch jetzt noch nicht eraten kann,
bleibt zeitlebens ein Dummerjan.

(Der Wind)

Hat ein Häuschen
hart wie Stein,
doch was drin ist,
das schmeckt fein.

(Die Nuss)

Männchen im Strauch,
hat ein schwarzes Käppchen auf,
ein rotes Mäntelchen um
und Steinchen im Bauch.
Wie heisst's Männchen im Strauch?

(Die Hagebutte)

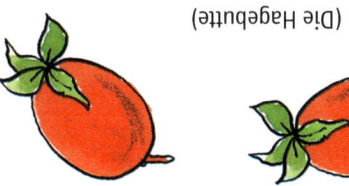

Drachen für kleine Leute

Wir schneiden dünnes Papier so zu, wie es die Abbildung zeigt. Nun bekleben wir zur Verstärkung die Ränder beidseitig mit 1 cm breiten Packpapierstreifen. Jetzt schneiden wir aus farbigem Papier Augen, Nase und Mund und kleben diese auf den Drachen. Damit er leichter steigt, binden wir eine Schnur an einen langen Stock. Am Drachen befestigen wir einen etwa 2–3 cm langen Schwanz.

Windrädchen

Wie das Windrädchen gebastelt wird, zeigen die Bilder: Ein Quadrat an allen vier Ecken diagonal zur Mitte einschneiden. Mit einer Stecknadel oder einem Nagel wird das Windrädchen an einem Stock oder einem Korkzapfen befestigt, und das Windrädchen dreht sich leichter und schneller, wenn vor und hinter der Achse eine Glasperle oder ein kleiner Knopf mit aufgespießt wird.

Drachenvers

Wenn der frische Herbstwind weht,
geh' ich froh hinaus,
denn da steigt mein Drachen hoch
über Baum und Haus.

Seht, er wackelt mit dem Ohr,
wackelt mit dem Schwänzchen,
und er tanzt den Wolken vor,
hei, ein lustig' Tänzchen!

Sankt Martin

Am 11. November ist Martins-Tag. Da finden vielerorts Laternenumzüge statt. Die kleinen Lichter sind Vorboten der Adventszeit.

Sankt Martin
reitet durch Schnee und Wind,
sein Ross, das trug ihn fort geschwind.
Sankt Martin ritt mit frohem Mut,
sein Mantel deckt ihn warm und gut.
Im Schnee, da sitzt ein armer Mann,
hat Kleider nicht, hat Lumpen an.
O helft mir doch in meiner Not,
sonst ist der harte Frost mein Tod.
Sankt Martin hält beim Zügel an,
sein Ross stand still beim armen Mann.
Sankt Martin mit dem Schwerte teilt
den warmen Mantel und verweilt.
Sankt Martin gibt den Halben still,
der Bettler rasch ihm danken will.
Sankt Martin aber ritt in Eil
hinweg mit seinem Mantelteil.

Martin ist ein frommer Mann,
zündet viele Lichter an,
dass er oben sehen kann,
was er unten hat getan.

Martin ist ein frommer Mann,
stimmt ihm frohe Lieder an,
dass er oben hören kann,
was er unten hat getan.

Laterne, Laterne,
Sonne, Mond und Sterne.
Brenne auf mein Licht,
brenne auf mein Licht,
nur meine liebe Laterne nicht.

Basteln mit Nüssen

Es ist erstaunlich, in was sich die Schalen der Baumnüsse alles verwandeln lassen. Hier ein paar Bastelideen:

Nussschalen-Wiege

Aus Seidenpapier und einer Nussschale basteln wir eine Kinderwiege. Die Wiegendecke bemalen wir mit Wasserfarbe oder Filzstift, als Kinderkopf legen wir eine Hagebutte auf das Kissen.

Nussschalen-Käfer

Wer möchte ein paar kleine Glückskäfer basteln? Wir brauchen dazu ein paar Nussschalen, Farben, Leim und etwas schwarzes Papier. Wir legen eine Nussschale auf das Papier und umfahren sie mit Bleistift. Auf dieser Grundform zeichnen wir Beine, Kopf und Fühler ein und schneiden alles aus. Jetzt kleben wir die Nussschale auf und bemalen sie. Je nach Farbe kann unser Krabbeltier ein Marienkäfer sein, ein Maikäfer oder ein anderer Käfer. Diese Nussschalen-Käfer sehen auch als Tischdekoration oder auf Geschenkpaketen hübsch aus.

Lichterparade

Kleine Kerzenstummel in halbe Nussschalen tropfen, in eine Wasserschüssel setzen und anzünden. Keine Plastikschüssel nehmen! Mit Trinkhalmen die schwimmenden Lichterboote ganz sachte vorwärts blasen.

Nussschalen-Maus

Wir kleben einen Wollfaden in eine halbe Nussschale. Er bildet den Schwanz. Ein paar Wollfäden markieren die Schnauzhaare. Jetzt brauchen wir nur noch zwei Äuglein aufzumalen und kleine Öhrlein aus Papier oder Filz anzukleben, und fertig ist das Mäuschen!

Überraschungsnüsse

Mit einem Messer kann man Baumnüsse an ihrem runden Ende öffnen, so dass die Schalen heil bleiben. Vielleicht helfen die Eltern dabei! Auf kleine Zettel schreibt ihr ein Rätsel, einen Minibrief oder malt ein Bildchen. Gefaltet in die leeren Nusshälften stecken, zukleben, mit Krepppapierschwänzen dazwischen.

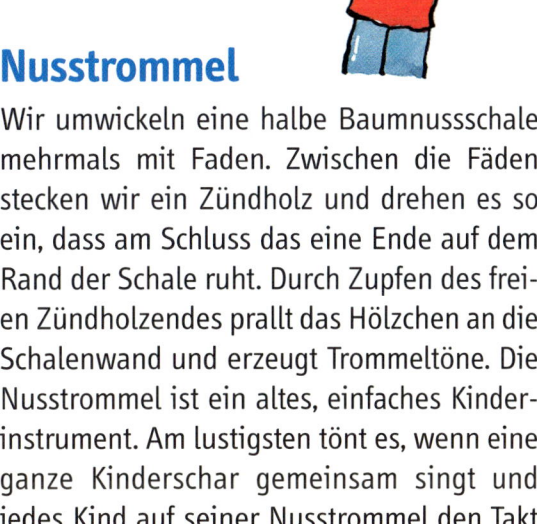

Nussschalen-Flotte

Aus Nussschalen kann man Schiffchen machen: Eine kleine Kugel Knetmasse in die Mitte der halben Nussschale drücken; ein Streichholz als Mast einstecken, ein Segel aus starkem Papier befestigen, und fertig ist das Segelschiff. Jetzt fehlen nur noch kleine Papiermatrosen!

Nusstrommel

Wir umwickeln eine halbe Baumnussschale mehrmals mit Faden. Zwischen die Fäden stecken wir ein Zündholz und drehen es so ein, dass am Schluss das eine Ende auf dem Rand der Schale ruht. Durch Zupfen des freien Zündholzendes prallt das Hölzchen an die Schalenwand und erzeugt Trommeltöne. Die Nusstrommel ist ein altes, einfaches Kinderinstrument. Am lustigsten tönt es, wenn eine ganze Kinderschar gemeinsam singt und jedes Kind auf seiner Nusstrommel den Takt dazu trommelt.

Nussspiele

Mit Nüssen lässt sich wunderschön spielen. Wir brauchen dazu ganze Baumnüsse, Nussschalen und Haselnüsse. Wenn ihr ein Nussfest veranstaltet, muss jeder Teilnehmer als Eintritt einen kleinen Sack voller Nüsse mitbringen.

Nussberg

Wir legen mit einem dicken Wollfaden einen großen Kreis auf den Boden und schichten in der Mitte des Kreises einen Nussberg auf. Jeder von euch lässt eine Nuss auf den Berg fallen. Alle Nüsse, die aus dem Kreis springen, gehören dem Werfer. Wer hat am Schluss die meisten Nüsse?

Nüsse hamstern

Wir verteilen Nüsse auf dem Boden und binden zwei Kindern die Augen zu. Diese zwei blinden Eichhörnchen versuchen, die Nüsse zu finden und in ihr Versteck zu bringen. Toll, wenn man das Nusslager des anderen entdeckt.

Nuss verstecken

Alle Kinder müssen das Zimmer verlassen. Der Spielleiter versteckt eine Nuss so, dass sie gerade noch zu sehen ist, auf dem Fenstersims, unter dem Tisch, auf einem Bücherbord usw. Die Kinder werden hereingerufen und suchen die versteckte Nuss. Wer sie zuerst entdeckt, hat gewonnen.

Noch „nobler" wird das Spiel, wenn ihr die Nuss mit Goldbronze bemalt oder in Silberpapier einwickelt.

In welcher Faust steckt die Nuss?

Pinke – pank,
wo steht der Schrank?
Unten oder oben?

Pinke – pank,
der Schmied ist krank.
Wo soll er wohnen?
Unten oder oben?

Eine Nuss wird in einer Faust versteckt. Dann werden die Fäuste abwechselnd übereinandergehalten und der Vers gesagt. Wer richtig rät, kann die Nuss behalten!

Jetzt beginnt die Winterzeit, Weihnachten ist nicht mehr weit

In der dunklen Winterzeit haben die Menschen das Bedürfnis, näher zusammenzurücken und sich mit Lichterbräuchen, Geschichten, Versen, Liedern und Köstlichkeiten aus der Küche und dem Backofen die kalte Jahreszeit zu verschönern. Die Bräuche im Dezember beginnen mit dem Adventskranz, dann folgt am 4. Dezember der Barbaratag, an dem wir Kirschbaum- oder Forsythienzweige ins Wasser stellen, damit sie an Weihnachten blühen.

Es ist die Zeit der Bratäpfel und Strohsterne, die Zeit der großen Erwartung auf den Nikolaus und das Christkind.

Der Bratapfel

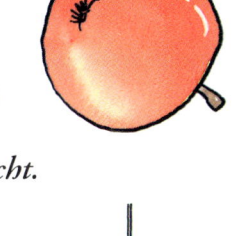

Kinder, kommt und ratet,
was im Ofen bratet!
Hört, wie's knallt und zischt.
Bald wird er aufgetischt;
der Zipfel, der Zapfel,
der Kipfel, der Kapfel,
der gelbrote Apfel.

Kinder, lauft schneller,
holt einen Teller,
holt eine Gabel!
Sperrt auf den Schnabel
für den Zipfel, den Zapfel,
den Kipfel, den Kapfel,
den goldbraunen Apfel.

Sie pusten und prusten,
sie gucken und schlucken,
sie schnalzen und schmecken,
sie lecken und schlecken
den Zipfel, den Zapfel,
den Kipfel, den Kapfel,
den knusprigen Apfel.

Bratäpfelrezept

Das Beste an Bratäpfeln ist ihr herrlicher Duft. Früher legte man sie einfach in den Kachelofen. Wer möchte es heute im „normalen" Backofen versuchen?

Man braucht dazu:
4 mürbe, leicht säuerliche Äpfel
eine Hand voll Rosinen
Würfelzucker
Gelee aus Johannis- oder Preiselbeeren

Wir schneiden aus den gewaschenen Äpfeln das Kernhaus heraus, vom ausgedrehten Stiel bis zur Fliege. Den Hohlraum füllen wir nun mit Rosinen und Gelee.
Die Löcher an Stiel und Fliege „stopfen" wir mit Würfelzucker zu.
In einer gebutterten Auflaufform rund 20 Minuten offen bei Mittelhitze backen.

Vor dem Essen dick mit Zucker bestreuen.

Advent, Advent

Advent kommt von „adventare", das heißt erwarten. Es ist die Vorbereitungszeit auf unser Weihnachtsfest. Advent wird bei uns seit dem fünften Jahrhundert gefeiert und dauert vom vierten Sonntag vor Weihnachten bis zum 24. Dezember. Für Kinder ist es eine der schönsten Zeiten im Jahr. Sie erwarten täglich etwas Neues. Hier ein paar Ideen für tolle Überraschungen.

Adventskranz

Eines der bekanntesten Adventssymbole ist der aus Tannenzweigen geflochtene Adventskranz. Die grünen Zweige gelten als Glücksbringer. Die vier Kerzen stimmen uns ein auf das Fest des Lichtes. Wer sammelt mit den Kindern Tannenzweige im Wald und bindet den Kranz selber? Oder schmücken Sie dieses Jahr einen Strohring mit Föhrenzäpf-

chen und Strohblumen? Zum Kerzenlicht des Adventskranzes erzählen wir den Kindern täglich Geschichten und singen altbekannte Weihnachtslieder wie:
„Ihr Kinderlein kommet ...",
„O Tannenbaum ...",
„Was soll das bedeuten, es taget ja schon ..."
oder „Vom Himmel hoch da komm ich her".

Grüner Kranz, Kranz vom Wald.
Ja, nun kommt das Christkind bald.

Adventskalender

Adventskalender sollen jeden Tag eine kleine Freude spenden und helfen, die Wartezeit zu verkürzen. Es gibt viele Möglichkeiten:

Weihnachtsfenster

Wir schmücken ein Weihnachtsfenster. Jeden Tag hängen wir einen neuen Weihnachtsschmuck ans Fenster, Strohschmuck, bunte Glasstücke, Weihnachtskugeln, kleine Engel oder Papiersterne.

Überraschungsbriefe

An Stelle des üblichen gekauften Adventskalenders, an dem man jeden Tag ein Türchen öffnen kann, falten wir diesmal einen Briefkalender, wie die Abbildung zeigt. Die 24 Briefe kleben wir auf ein farbiges Band und füllen sie mit kleinen Zetteln, auf denen wir Zeit und gemeinsames Erleben verschenken: eine Geschichte erzählen, Weihnachtsgebäck backen, ein Museum besuchen, ein Lied singen, einen Weihnachtsschmuck basteln usw.

Lichtermeer

Wir stecken während der Adventszeit in Backsteine jeden Tag eine Kerze ein. Bis Weihnachten erstrahlt ein großes Lichtermeer, das uns die dunklen Stunden morgens und abends erhellt!

Barbarazweig

Am vierten Dezember, am Tag der heiligen Barbara, werden die Barbarazweige geschnitten. Am besten eignen sich Kirschbaum- oder Forsythienzweige. Sie werden schräg angeschnitten, über Nacht in lauwarmes Wasser gelegt und an einen hellen, warmen Platz gestellt. Sie werden bis Weihnachten in voller Blüte stehen.

Schneesterne aus Papier

Wenn es einmal zu nass und zu kalt ist, um nach draußen zu gehen, basteln wir Scherenschnitt-Schneesterne.
1. Wir legen ein quadratisches Schreibpapier doppelt zusammen.
2. Falten es dann zu einem Dreieck.
3. Nun schneiden wir Muster ein.
4. So entstehen unsere Scherenschnitt-Schneesterne.
Wir schmücken damit unsere Fenster.

Zieh dein Mützlein auf die Ohren,
nachts hats 's Engelhauch gefroren,
und der Wind mit seiner Scher'
schneidet Sterne, immer mehr.
Sterne dort und Sterne hier,
komm, wir kaufen Buntpapier,
und wir schneiden Sterne auch,
aber nicht aus Engelhauch,
weil wir ja nur Menschen sind.
Himmelsschnee schneit nur der Wind.

Der erste Schnee

Schneeflöckchen, Weißröckchen,
jetzt kommst du geschneit,
du wohnst in den Wolken,
dein Weg ist gar weit.

Komm', setz dich ans Fenster,
du lieblicher Stern,
malst Blumen und Blätter,
wir haben dich gern.

Schneeflöckchen, du deckst uns
die Blümelein zu.
Dann schlafen sie sicher
in himmlischer Ruh.

Schneeflöckchen, Weißröckchen,
komm' zu uns ins Tal.
Dann bau 'n wir den Schneemann
und werfen den Ball.

Adventsgebäck

Zur Adventszeit gehört auch ofenfrisches Weihnachtsgebäck. Schon der Duft, der beim Backen durchs Haus zieht, weckt freudige Erwartungen. Beim nachfolgenden Rezept können Kinder besonders gut mithelfen. Der Teig wird am Schluss mit den Händen zu fingerdicken Rollen geformt, in 3 Zentimeter lange Stücke geschnitten, in großen Abständen auf ein Blech gegeben und mit einer Gabel flach gedrückt. Dadurch entstehen, zur Freude der Kinder, kleine Rillen.

Und so wird's gemacht:
200 g Butter
250 g Zucker
2 Eier
2 Esslöffel Wasser
1 Zitronenrinde
100 g Haselnüsse
500 g Mehl
Puderzucker

Butter weich und glatt rühren. Zucker und Eier mit der Masse tüchtig verrühren, Wasser, Zitronenrinde und die geriebenen Haselnüsse beigeben. Das gesiebte Mehl in die Masse rühren und den Teig ¹/₂ Stunde ruhen lassen.
Im vorgewärmten Ofen bei mittlerer Hitze hellgelb backen und mit Puderzucker bestäuben. Backzeit: 10–15 Minuten.

Rühre, rühre Brei,
Butter, Zucker schnell herbei,
Rosinen, Eier, Mandelkern,
Teig auswallen tu ich gern,
Förmchen stechen noch viel lieber!
Herzchen, Mond und Sterne
leg ich auf das Kuchenblech,
schieb sie in den Ofen 'nein,
gegessen wird's im Kerzenschein.

Susanne Stöcklin-Meier

Nikolaus

St. Niklaus aus Apfel und Nuss

Wir stecken einen Zahnstocher in die Nuss und die Nuss mit dem Zahnstocher als Kopf in den Apfel. Aus einem Krepp-papierstreifen entsteht der Mantel des St. Niklaus. Am Rande des Streifens ziehen wir einen Wollfaden ein und binden damit dem Apfel den Mantel um. Jetzt fehlen unserem Niklaus nur noch mit Filzstift aufgemalte Gesichtszüge, ein Wattebart und eine aufgeklebte Krepppapiermütze.

Niklaus, Niklaus, guter Gast,
hast du mir was mitgebracht?
Hast du was, so setz dich nieder!
Hast du nichts, so geh nur wieder!

Holler, boller Rumpelsack,
Niklaus trägt sie huckepack,
Weihnachtsnüsse gelb und braun,
runzlich, punzlich anzuschaun.
Knackt die Schale, springt der Kern,
Weihnachtsnüsse ess' ich gern.
Komm bald wieder in mein Haus,
guter, alter Nikolaus.

St.-Niklaus-Verse

Der 6. Dezember ist für Kinder ein wichtiger Tag. Gegen Abend warten sie gespannt auf den Besuch von St. Niklaus. Jahr für Jahr fragen sie sich: „Kommt er oder kommt er nicht? Bringt er feine Sachen oder eine Rute?" Sie lernen gerne einen Vers für den Niklaus. Mit selbst gebastelten Figuren können Kinder Niklaus-Verse spielen und den Tisch festlich dekorieren.

Niklaus, Niklaus, heiliger Mann,
zieh die großen Stiefel an,
reis' damit nach Spanien,
kauf' Äpfel, Nüss, Kastanien!

Ei, du lieber Nikolaus,
komm auch heut in unser Haus,
komm beim hellen Mondenschein,
wirf uns Nüss und Apfel rein.

Vor langen, langen Jahren,
in einem fernen Land,
leb' einst ein heiliger Bischof,
Sankt Nikolaus genannt.
Er war geliebt von groß und klein,
denn alle wollte er erfreun,
und noch vom Himmel steigt er nieder,
beschenkt die guten Kinder wieder.

Wir basteln einen Esel

Wir schneiden aus grauem Zeichenpapier zwei Streifen, wie die Abbildung zeigt. Wir falten beide in die Hälfte. Aus dem längeren Streifen formen wir den Kopfteil, aus dem kürzern den Rumpfteil. Wir schieben beide Teile ineinander und kleben sie fest. Jetzt fehlen unserem Eselchen nur noch die Ohren und der Schwanz.

Mit diesen selbst gebastelten Figuren können Kinder Nikolausverse spielen und den Tisch festlich dekorieren.

Niklausesel

Niklausesel klein und froh,
frisst nur goldnes Haferstroh,
läuft geschwinde tripp, trapp, trapp,
Berg hinauf und Berg hinab.

Niklausesel, grau und klein,
was soll in deinen Taschen sein?
Du trägst sie beide huckepack,
drinnen steckt St. Niklaus' Sac'

Weihnachtsschmuck

Kinder lieben den festlichen Glanz des Weihnachtsbaumes. Darum basteln wir jedes Jahr neuen Weihnachtsschmuck. Heute schwelgen wir in Gold! Diese drei einfachen, aber wirkungsvollen Bastelvorschläge eignen sich für Kinder von 4–7 Jahren. Mit elterlicher Hilfe wird ihnen der Weihnachtsschmuck auf jeden Fall gelingen.

Goldsonne

Nachfolgendes Muster übertragen wir auf Folie, schneiden es aus, biegen die Zacken um und kleben es kreisförmig mit Leim oder Klebstreifen zusammen. Jetzt müssen wir nur noch einen Faden durchknüpfen, damit wir die Goldsonne an den Weihnachtsbaum hängen können.

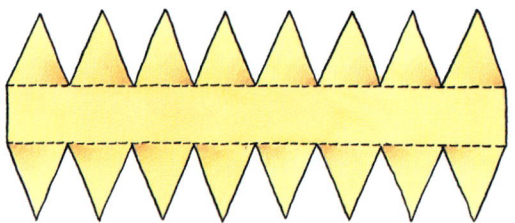

Goldkugel

Für eine Kugel brauchen wir fünf gleich große Goldpapierscheiben. Sie werden aufeinander gelegt, in der Mitte gefaltet und in der Bruchkante zusammengeheftet. Damit eine gleichmäßige Kugel entsteht, müssen wir die einzelnen Teile sorgfältig öffnen. Drei verschieden große Kugeln, die alle am selben Faden hängen, sehen besonders dekorativ aus.

Goldkette

Wie schneiden etwa 1 cm breite und 8 cm lange Goldpapierstreifen aus. Die Streifen werden ringförmig ineinandergehängt und zusammengeklebt. So entstehen hübsche Goldketten, die schon kleine Kinder anfertigen können.

Der Weihnachtsbaum

Inmitten der Nacht,
als keiner gedacht,
da hört man ein Singen,
ein fröhliches Klingen.
Was ward uns beschert?
Ein Kindlein zur Erd!
Inmitten der Nacht
hat das Kindlein gelacht,
denn hell durch das Dunkel
kommt ein lustig Gefunkel,
wieviel kleine Stern'
waren seine Latern'!

Ich kenne ein Bäumchen
gar fein und zart,
das trägt Früchte seltener Art.
Es funkelt und leuchtet
mit hellem Schein
weit in des Winters Nacht hinein.
Das sehen die Kinder
und freuen sich sehr,
und pflücken vom Bäumchen
und pflücken es leer.

O Weihnachtsbaum, ich grüße dich!
Nun stehst du da, wie freu' ich mich.
Das Christkind hat dich mitgebracht
und hat dich auch so schön gemacht.
Hoch oben glänzt der Weihnachtsstern,
wie schön, wie schön, ich seh' ihn gern!

Weihnachtssterne

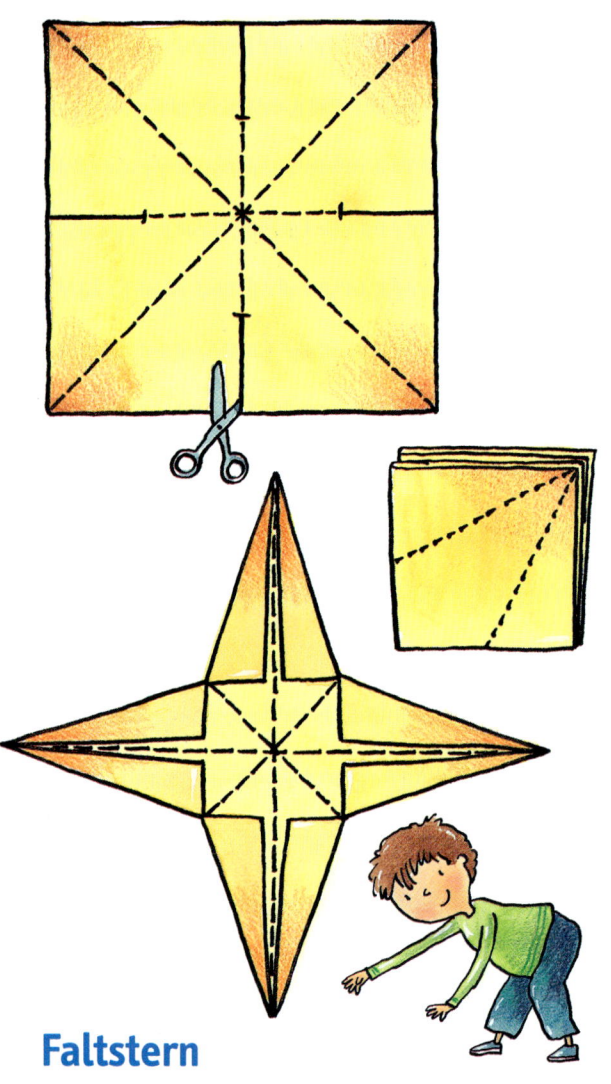

„Ziehharmonika"-Stern

Hübsch sehen auch die aus einer „Ziehharmonika" gefalteten und geschnittenen Sterne aus Rauschgold aus. Man kann sie auch aus dünnem Pergamentpapier arbeiten. Ein langer Streifen, zum Beispiel 5 x 20 cm, wird möglichst exakt in Falten gelegt. Eine Möglichkeit, die Zacken zu schneiden, zeigt die Abbildung, doch es macht Spaß, immer neue Muster zu erfinden.

Einfacher Weihnachtsstern

Ein quadratisches Blatt Papier (Silber-, Gold- oder Buntpapier) faltet man zweimal zusammen, schneidet die beiden strichlinierten Ecken weg, nimmt das Blatt auseinander und klebt zwei Sterne zusammen.

Faltstern

Für diesen Faltstern verwendet man doppelseitiges Gold- oder Silberpapier. Man schneidet ein Quadrat und faltet die Mittellinien und die Diagonalen. Beim wieder aufgefalteten Papier werden die Mittellinien gleichmäßig eingeschnitten. Jetzt werden alle Seiten an die Diagonalen zu einem vierzackigen Stern gefaltet. Zwei solcher Faltformen werden dann zu einem achtzackigen Stern übereinandergeklebt.

Das Märchen von den Sterntalern

Es war einmal ein kleines Mädchen, dem waren Vater und Mutter gestorben, und es war so arm, dass es kein Kämmerchen mehr hatte, darin zu wohnen, und kein Bettchen mehr, darin zu schlafen, und endlich gar nichts mehr als die Kleider auf dem Leib und ein Stückchen Brot in der Hand, das ihm ein mitleidiges Herz geschenkt hatte. Es war aber gut und fromm. Und weil es so von aller Welt verlassen war, ging es im Vertrauen auf den lieben Gott hinaus ins Feld. Da begegnete ihm ein armer Mann, der sprach: „Ach, gib mir etwas zu essen, ich bin so hungrig." Es reichte ihm das ganze Stückchen Brot und sagte: „Gott segne dir's", und ging weiter. Da kam ein Kind, das jammerte und sprach: „Es friert mich so an meinem Kopf, schenk mir etwas, womit ich ihn bedecken kann." Da tat es seine Mütze ab und gab sie ihm. Und als es noch eine Weile gegangen war, kam wieder ein Kind und hatte kein Leibchen an und fror, da gab es ihm seins; und noch weiter, da bat eins um ein Röcklein, das gab es auch noch fort.

Endlich gelangte es in einen Wald, und es war schon dunkel geworden, da kam noch eins und bat um ein Hemdlein, und das fromme Mädchen dachte: Es ist dunkle Nacht, da sieht dich niemand, du kannst wohl dein Hemd weggeben, und zog das Hemd ab und gab es auch noch hin. Und wie es so da stand und gar nichts mehr hatte, fielen auf einmal die Sterne vom Himmel. Es waren lauter harte blanke Taler, und weil es sein Hemdlein weggegeben hatte, bekam es ein neues Hemdlein, und das war vom allerfeinsten Linnen. Da sammelte es sich die Taler hinein und war reich für sein Lebtag.

Weihnacht

Weihnacht, Weihnacht,
Weihnachtszeit ist heut!
Freut euch, freut euch,
all' ihr lieben Leut!

Gesegnet sei die Heilige Nacht,
die uns das Licht der Welt gebracht!

Wohl unterm lieben Himmelszelt
die Hirten lagen auf dem Feld.

Ein Engel Gottes, licht und klar,
mit seinem Gruß tritt auf sie dar.

Vor Angst sie decken ihr Angesicht.
Da spricht der Engel: Fürchtet euch nicht!

Denn ich verkünd euch große Freud:
Der Heiland ist euch geboren heut!

Da gehn die Hirten hin in Eil,
zu schaun mit Augen das ewige Heil,

zu singen dem süßen Gast Willkomm,
zu bringen ihm ein Lämmlein fromm.

Da kommen auch gezogen fern
die Heiligen Drei Könige mit ihrem Stern.

Sie knien vor dem Kindlein hold,
schenken ihm Myrren, Weihrauch, Gold.

Eduard Mörike